CELOTNA KUHARICA HLADNE JUHE

Premagajte vročino s 100 slastnimi ohlajenimi juhami, popolnimi za poletje in dlje

Robert Košir

Avtorski material ©2024

Vse pravice pridržane

Nobenega dela te knjige ni dovoljeno uporabljati ali prenašati v kakršni koli obliki ali na kakršen koli način brez ustreznega pisnega soglasja založnika in lastnika avtorskih pravic, razen kratkih citatov, uporabljenih v recenziji. Ta knjiga se ne sme obravnavati kot nadomestilo za zdravniški, pravni ali drug strokovni nasvet.

KAZALO

KAZALO **3**
UVOD **6**
GAZPAČO **7**
   1. Garden Gazpacho 8
   2. Gazpacho s tremi paradižniki s kremo Chipotle 10
   3. Gazpačo iz poletne zelenjave 12
   4. Gazpacho z ditalinijem in čilskim aiolijem 14
   5. Črni in zlati Gazpacho 17
   6. Gazpačo iz lubenice 19
   7. Gazpačo iz avokada 21
   8. Gazpačo iz koruze in bazilike 23
   9. Gazpačo z mangom in ananasom 25
   10. Gazpacho iz kumar in jogurta 27
   11. Gazpačo z jagodami in baziliko 29
   12. Pražena rdeča paprika in mandljev Gazpacho 31
   13. Začinjen mango in cilantro Gazpacho 33
HLADNE SADNE JUHE **35**
   14. Hladna slivova juha 36
   15. Jewelbox sadna juha 38
   16. Senegalska juha 40
   17. Juha iz divjih češenj 42
   18. Poletna sadna juha 44
   19. Danska jabolčna juha 46
   20. Ohlajena juha iz melone 48
   21. Norveška borovničeva juha 50
   22. Hladna kremna juha iz vodne kreše in jabolk 52
   23. Hladna višnjeva juha 54
   24. Danska jabolčna juha s sadjem in vinom 56
   25. Hladna breskova jagodna juha 58
   26. Hladna marelična juha s kislo smetano 60
   27. Hladna jagodna juha Caramel Mountain Ranch 62
   28. Hladna papajina juha 64
   29. Češnjeva juha iz citrusov 66
   30. Danska sladka juha 68
   31. Hladna juha z melono in meto 70
   32. Hladna borovničeva juha s pomarančnim zeliščnim sorbetom 72
   33. Norveška sadna juha (Sotsuppe) 74
   34. Ohlajena juha z jagodnim jogurtom 76
   35. iz jagod / borovnic 78
   36. Karibska avokadova juha 80
HLADNE ZELENJAVNE JUHE **82**

37. Sladki krompir Vichyssoise......83
38. Ohlajena avokadovo-paradižnikova juha......85
39. Kumarična juha iz indijskih oreščkov......87
40. Ohlajena korenčkova juha......89
41. Ohlajena pesna juha......91
42. Hladna zelena zelenjavna juha z ribami......93
43. Hladna juha Tomatillo......95
44. Korenčkova in jogurtova juha......97
45. Hladna juha iz bučk in pora......99
46. Juha iz bučk in avokada......101
47. Hladna juha iz kumar in špinače......103
48. Hladna avokadova juha s čilijevo koriandrovo kremo......105
49. Juha iz pese in rdečega zelja......107
50. Juha iz paradižnika in rdeče paprike......109
51. Ingverjeva in korenčkova juha......111
52. Hladna juha iz avokada in pinjenca......113
53. Česnova juha iz bučk s karijem......115
54. Koprov jogurt in kumarična juha......117
55. Boršč......119
56. Kremna juha z baziliko in bučkami......121

HLADNE JUHE IZ RIB IN MORSKIH SADEŽEV......123
57. Hladna kumarična juha z zeliščnimi kozicami......124
58. Ohlajena juha s kozicami in avokadom......126
59. Ohlajen biskvit z jastogom......128
60. Hladna juha iz dimljenega lososa......130
61. Ohlajen Gazpacho iz rakov......132
62. Hladna rakova juha......134
63. Hladna juha iz pinjenca in kozic......136
64. Ohlajena juha iz kumar in rakov......138
65. Ohlajena juha s kokosovimi kozicami......140
66. Hladna juha s tuno in belim fižolom......142
67. Ohlajena pokrovača in koruzna juha......144

HLADNE PERUTNINSKE JUHE......146
68. Ohlajena piščančja in zelenjavna juha......147
69. Ohlajena purana in brusnična juha......149
70. Ohlajena piščančja in koruzna juha......151
71. Ohlajena puranja in avokadova juha......153
72. Ohlajena limonina piščančja orzo juha......155
73. Ohlajena purana in špinačna juha......157
74. Ohlajena juha s piščancem in mangom......159
75. Piščančja in riževa juha s kokosovim mlekom......161
76. Hladna juha iz piščanca, zelene in orehov......163
77. Hladna špargljeva juha s prepeličjimi jajci in kaviarjem......165

HLADNE ZELIŠČNE JUHE 167
78. Cantaloupe juha z meto 168
79. Ohlajena juha iz mete bučke 170
80. Hladna grahova juha 172
81. Hladna kislica juha 174
82. Ohlajena juha iz avokada in cilantra 176
83. Ohlajena grahova in pehtranova juha 178
84. Ohlajena juha iz špinače in kopra 180
85. Ohlajena juha iz bučk in peteršilja 182
86. Ohlajena juha iz špargljev in drobnjaka 184
87. Ohlajena juha iz pese in mete 186
88. Kitajska zeliščna piščančja juha 188

HLADNE JUHE IZ STROČNIC IN ŽIT 191
89. Hladna juha iz belega fižola s hrustljavo panceto 192
90. Ohlajena fižolova juha 194
91. Ohlajena juha iz leče in kvinoje 196
92. Ohlajena juha iz čičerike in bulgarja 198
93. Ohlajena juha iz črnega fižola in rjavega riža 200
94. Ohlajena juha iz ječmena in čičerike 202
95. Ohlajena juha iz rdeče leče in bulgurja 204

HLADNE JUHE IZ TESTENIN 206
96. Hladni rezanci s paradižniki 207
97. Ohlajena sredozemska orzo juha 209
98. Ohlajena juha s testeninami iz paradižnika in bazilike 211
99. Ohlajena juha s pesto testeninami 213
100. Ohlajena grška solatna juha s testeninami 215

ZAKLJUČEK 217

UVOD

Dobrodošli v »CELOTNA KUHARICA HLADNE JUHE«, vašem najboljšem vodniku za premagovanje vročine s 100 okusnimi ohlajenimi juhami, ki so popolne za poletje in pozneje. Ko se temperature dvignejo, ni nič tako osvežujočega in zadovoljivega kot skleda hladne juhe, ki vas ohladi in poživi vaše brbončice. V tej kuharski knjigi slavimo vsestranskost in ustvarjalnost ohlajenih juh ter ponujamo raznoliko paleto receptov za vsak okus in priložnost.

V tej kuharski knjigi boste odkrili široko paleto receptov za ohlajene juhe, ki prikazujejo sezonske sestavine, živahne okuse in inovativne kulinarične tehnike. Od klasičnih gazpachosov in kremastih vichyssoises do eksotičnih sadnih juh in začinjenih ohlajenih rezancev, vsak recept je oblikovan tako, da zagotavlja osvežilno in zadovoljivo izkušnjo obedovanja, ne glede na vreme ali letni čas.

Kar ločuje »CELOTNA KUHARICA HLADNE JUHE«, je njen poudarek na svežini, okusu in preprostosti. Ne glede na to, ali ste izkušen kuhar ali kuhar začetnik, so ti recepti zasnovani tako, da jih je enostavno slediti in jih je mogoče prilagoditi vašim željam po okusu in prehranskim potrebam. Z minimalnim potrebnim kuhanjem in osredotočanjem na uporabo svežih, visokokakovostnih sestavin boste lahko v hipu pripravili serijo okusne hladne juhe, zaradi česar je popolna možnost za naporne nočne dni, priložnostna srečanja ali elegantne večerje. .

V tej kuharski knjigi boste našli praktične nasvete za izbiro in pripravo sestavin ter osupljive fotografije, ki bodo navdih za vaše kulinarične stvaritve. Ne glede na to, ali si želite nekaj lahkega in osvežujočega ali bogatega in razvajajočega, ima "CELOTNA KUHARICA HLADNE JUHE" nekaj za vsakogar, ki vas vabi, da raziščete okusne možnosti ohlajenih juh in izboljšate svojo poletno kulinarično izkušnjo.

GAZPAČO

1. Garden Gazpacho

SESTAVINE:
- 6 zrelih češpljevih paradižnikov, narezanih
- 1 srednja rdeča čebula, sesekljana
- 1 srednja kumara, olupljena, brez semen in narezana
- 1 srednje velika rdeča paprika, sesekljana
- 4 zelene čebule, mleto
- 1 strok česna, mlet
- 1 rebro zelene, mleto
- 3 žlice šerijevega kisa
- 2 žlici olivnega olja
- 1 čajna žlička sladkorja
- Sol
- Tabasco omaka
- 2 skodelici mešanega zelenjavnega soka
- 1/4 skodelice sesekljanega svežega peteršilja
- 1/4 skodelice narezanih izkoščičenih oliv kalamata

NAVODILA:
a) V mešalniku ali kuhinjskem robotu zmešajte vse razen 1/4 skodelice paradižnika, čebule, kumar in
b) bolgarski poper. Dodajte polovico zelene čebule in ves česen ter zeleno in premešajte, dokler ni gladka. Dodajte kis, olje in sladkor ter začinite s soljo in tabaskom po okusu. Procesirajte, dokler ni dobro premešano.
c) Juho prenesite v veliko nekovinsko skledo in vanjo vmešajte zelenjavni sok. Pokrijte in ohladite, dokler se ne ohladi, vsaj 3 ure.
d) Ko ste pripravljeni za postrežbo, dodajte preostale paradižnike, čebulo, kumare, papriko in zeleno čebulo. Juho nadevamo v sklede, okrasimo s peteršiljem in črnimi olivami ter postrežemo.

2.Gazpacho s tremi paradižniki s kremo Chipotle

SESTAVINE:
- 1 žlica olivnega olja
- 1 1/2 čajne žličke chipotle čilija v adobu
- 1/4 skodelice veganske kisle smetane, domače (glejte Tofujevo kislo smetano) ali kupljene v trgovini
- 1 srednja rdeča čebula, sesekljana
- 1 srednje velika rdeča paprika, sesekljana
- 1 srednja kumara, olupljena, brez semen in narezana
- 2 stroka česna, nasekljana
- 1/4 skodelice mletih, v olju posušenih paradižnikov
- (14,5 unč) lahko zdrobljen paradižnik
- 3 skodelice mešanega zelenjavnega soka
- funt zrelih slivovih paradižnikov, sesekljan
- Sol
- 1/4 skodelice mlete zelene čebule, za okras

NAVODILA:
a) V mešalniku ali predelovalcu hrane zmešajte olje, čipotle in kislo smetano ter jih obdelajte do gladkega. Dati na stran.
b) V mešalniku ali kuhinjskem robotu zmešajte čebulo, papriko, polovico kumare, česen, sušene paradižnike in zdrobljene paradižnike. Postopek do gladkega. Prenesite v veliko skledo in vmešajte zelenjavni sok, sveže paradižnike, preostalo kumaro in sol po okusu. Pokrijte in ohladite, dokler se dobro ne ohladi, vsaj 3 ure.
c) Ko je ohlajeno, poskusite in po potrebi prilagodite začimbe. Nalijte v sklede in v vsako skledo vmešajte žlico kreme iz čipoleta. Okrasite z mleto zeleno čebulo in postrezite.

3.Gazpačo iz poletne zelenjave

SESTAVINE:
- 2 skodelici mladega balzamičnega kisa
- 2 kilograma zrelih paradižnikov
- 2 angleški (toplinjak) kumari
- 1 rdeča čebula
- 1 rumena paprika
- 1 rdeča paprika
- 3 rezine dan starega francoskega kruha iz kislega testa
- 3 skodelice paradižnikovega soka
- 2 stroka česna
- 3 skodelice zelenjavne juhe
- 2 žlici ekstra deviškega oljčnega olja
- 1 žlica blage dimljene španske paprike
- 1 čajna žlička mlete kumine
- Groba sol in sveže mlet poper po okusu
- 2 žlici drobno narezanega svežega cilantra
- 2 žlici drobno narezane sveže mete
- 1 žlica drobno sesekljane limonine lupinice

NAVODILA:
a) Zmanjšajte količino balzamičnega kisa na ½ skodelice.
b) Zelenjavo nasekljajte in kruh namočite v paradižnikov sok.
c) Vse sestavine zmešajte in pustite stati 1 uro.
d) Zmešajte 4 skodelice mešanice, dokler ni gladka.
e) Hladite vsaj 4 ure.
f) Postrezite z zeliščno mešanico ter pokapljajte z oljčnim oljem in balzamičnim sirupom.

4. Gazpacho z ditalinijem in čilskim aiolijem

SESTAVINE:
AIOLI
- 1 majhen pekoč čili, brez semen
- 3 stroki česna
- 1/2 čajne žličke soli
- 1 čajna žlička rdečega vinskega kisa
- 1/2 skodelice olivnega olja

GAZPAČO
- 4 veliki zreli paradižniki, olupljeni, brez semen in narezani
- 2 veliki kumari, olupljeni, brez semen in narezani
- 1 srednje velika rumena paprika, sesekljana
- 1/2 skodelice mlete zelene čebule
- 1 žlica mletega česna
- 3 skodelice paradižnikovega soka
- Sol
- 1/2 skodelice ditalini ali druge jušne testenine
- 1 žlica olivnega olja

NAVODILA:
NAREDITE AIOLI:
a) V mešalniku ali kuhinjskem robotu zmešajte čili, česen in sol ter pretlačite v pire do gladkega. Dodajte kis in premešajte. Ko stroj deluje, prilijte olje, dokler se ne zmeša. Ne prekomerno obdelujte. Prenesite v skledo in pustite na sobni temperaturi do serviranja.

NAREDITE GAZPAČO:
b) V mešalniku ali kuhinjskem robotu zmešajte polovico paradižnika, polovico kumar, polovico paprike, polovico zelene čebule in ves česen. Premešajte, nato prenesite v veliko nekovinsko skledo in vmešajte paradižnikov sok ter preostali paradižnik, kumare, papriko in zeleno čebulo. Po okusu začinimo s soljo. Pokrijte in ohladite, dokler se dobro ne ohladi, vsaj 2 uri.

c) Medtem ko se juha ohlaja, v loncu z vrelo slano vodo med občasnim mešanjem kuhamo testenine, dokler niso al dente, 6 do 8 minut. Testenine odcedimo in splaknemo, nato jih prelijemo z oljčnim oljem in odstavimo.

d) Ko ste pripravljeni za serviranje, dodajte testenine v juho in poskusite ter po potrebi prilagodite začimbe. Nalijte v sklede in v vsako skledo zavrtite žlico aiolija. Postrezite z dodatnimi aioli ob strani.

5.Črni in zlati Gazpacho

SESTAVINE:
- 11/2 funtov zrelih rumenih paradižnikov, narezanih
- 1 velika kumara, olupljena, brez semen in narezana
- 1 velika rumena paprika, brez semen in narezana
- 4 zelene čebule, samo beli del
- 2 stroka česna, nasekljana
- 2 žlici olivnega olja
- 2 žlici belega vinskega kisa
- Sol
- Mleta kajenska paprika
- 1 1/2 skodelice kuhanega ali 1 (15,5 unča) pločevinka črnega fižola, odcejenega in opranega
- 2 žlici mletega svežega peteršilja
- 1 skodelica popečenih krutonov (neobvezno)

NAVODILA:
a) V mešalniku ali kuhinjskem robotu zmešajte polovico paradižnika s kumaro, papriko, zeleno čebulo in česnom. Postopek do gladkega. Dodajte olje in kis, začinite s soljo in kajenskim pekom po okusu ter obdelajte, dokler se ne zmeša.
b) Juho prenesite v veliko nekovinsko skledo in vanjo vmešajte črni fižol in preostale paradižnike. Skledo pokrijemo in postavimo v hladilnik za 1 do 2 uri. Okusite, po potrebi prilagodite začimbe.
c) Juho nadevajte v sklede, okrasite s peteršiljem in krutoni, če jih uporabljate, ter postrezite.

6. Gazpačo iz lubenice

SESTAVINE:
- 4 skodelice na kocke narezane lubenice brez pečk
- 2 velika paradižnika, narezana na kocke
- 1 kumara, olupljena, brez semen in narezana na kocke
- 1 rdeča paprika, narezana na kocke
- 1/4 skodelice sesekljane rdeče čebule
- 2 žlici sesekljane sveže mete
- 2 žlici sesekljane sveže bazilike
- 2 žlici limetinega soka
- Sol in poper po okusu

NAVODILA:
a) V mešalniku zmešajte lubenico, paradižnik, kumaro, papriko, rdečo čebulo, meto, baziliko in limetin sok.
b) Mešajte do gladkega.
c) Začinimo s soljo in poprom po okusu.
d) Pred serviranjem hladite v hladilniku vsaj 1 uro.
e) Postrezite hladno, po želji okrašeno z lističi mete.

7.Gazpačo iz avokada

SESTAVINE:
- 2 zrela avokada, olupljena in narezana na kocke
- 2 kumari, olupljeni, brez semen in narezani na kocke
- 1 zelena paprika, narezana na kocke
- 2 stroka česna, nasekljana
- 1/4 skodelice sesekljanega svežega cilantra
- 2 žlici limetinega soka
- 2 skodelici zelenjavne juhe
- Sol in poper po okusu

NAVODILA:
a) V mešalniku zmešajte avokado, kumare, papriko, česen, koriander, limetin sok in zelenjavno juho.
b) Mešajte do gladkega.
c) Začinimo s soljo in poprom po okusu.
d) Pred serviranjem hladite v hladilniku vsaj 1 uro.
e) Postrezite hladno, okrašeno z vejico cilantra.

8.Gazpačo iz koruze in bazilike

SESTAVINE:
- 4 klasje koruze, brez zrn
- 2 velika paradižnika, narezana na kocke
- 1 rdeča čebula, narezana na kocke
- 1 rdeča paprika, narezana na kocke
- 2 stroka česna, nasekljana
- 1/4 skodelice sesekljane sveže bazilike
- 2 žlici rdečega vinskega kisa
- 2 skodelici zelenjavne juhe
- Sol in poper po okusu

NAVODILA:
a) V mešalniku zmešajte koruzna zrna, paradižnik, rdečo čebulo, papriko, česen, baziliko, rdeči vinski kis in zelenjavno juho.
b) Mešajte do gladkega.
c) Začinimo s soljo in poprom po okusu.
d) Pred serviranjem hladite v hladilniku vsaj 1 uro.
e) Postrežemo hladno, okrašeno z lističi bazilike.

9. Gazpačo z mangom in ananasom

SESTAVINE:
- 2 zrela manga, olupljena in narezana na kocke
- 1 skodelica narezanega ananasa
- 1 kumara, olupljena, brez semen in narezana na kocke
- 1 rdeča paprika, narezana na kocke
- 1 jalapeño poper, brez semen in mlet
- 2 žlici sesekljanega svežega cilantra
- 2 žlici limetinega soka
- 2 skodelici ananasovega soka
- Sol in poper po okusu

NAVODILA:
a) V mešalniku zmešajte mango, ananas, kumare, rdečo papriko, poper jalapeño, koriander, limetin in ananasov sok.
b) Mešajte do gladkega.
c) Začinimo s soljo in poprom po okusu.
d) Pred serviranjem hladite v hladilniku vsaj 1 uro.
e) Postrezite hladno, okrašeno z rezino manga ali ananasa na robu sklede.

10. Gazpacho iz kumar in jogurta

SESTAVINE:
- 2 kumari, olupljeni, brez semen in narezani na kocke
- 1 skodelica navadnega grškega jogurta
- 1/4 skodelice sesekljanega svežega kopra
- 2 žlici limoninega soka
- 1 strok česna, sesekljan
- 1 žlica olivnega olja
- Sol in poper po okusu

NAVODILA:
a) V mešalniku zmešajte kumare, grški jogurt, koper, limonin sok, česen in olivno olje.
b) Mešajte do gladkega.
c) Začinimo s soljo in poprom po okusu.
d) Pred serviranjem hladite v hladilniku vsaj 1 uro.
e) Postrežemo hladno, okrašeno z vejico kopra.

11. Gazpačo z jagodami in baziliko

SESTAVINE:
- 2 skodelici narezanih jagod
- 1 kumara, olupljena, brez semen in narezana na kocke
- 1/4 skodelice sesekljane sveže bazilike
- 2 žlici balzamičnega kisa
- 1 žlica medu
- 1/4 čajne žličke črnega popra
- 1 skodelica vode
- Sol po okusu

NAVODILA:
a) V mešalniku zmešajte jagode, kumare, baziliko, balzamični kis, med, črni poper in vodo.
b) Mešajte do gladkega.
c) Po okusu začinimo s soljo.
d) Pred serviranjem hladite v hladilniku vsaj 1 uro.
e) Postrežemo hladno, okrašeno z lističi bazilike.

12.Pražena rdeča paprika in mandljev Gazpacho

SESTAVINE:
- 2 veliki pečeni rdeči papriki, olupljeni in brez semen
- 1 skodelica blanširanih mandljev
- 2 stroka česna
- 2 žlici šerijevega kisa
- 1/4 skodelice olivnega olja
- 2 skodelici zelenjavne juhe
- Sol in poper po okusu

NAVODILA:
a) V mešalniku zmešajte praženo rdečo papriko, mandlje, česen, šerijev kis, oljčno olje in zelenjavno juho.
b) Mešajte do gladkega.
c) Začinimo s soljo in poprom po okusu.
d) Pred serviranjem hladite v hladilniku vsaj 1 uro.
e) Postrezite hladno, okrašeno s kančkom olivnega olja in sesekljanimi mandlji.

13.Začinjen mango in cilantro Gazpacho

SESTAVINE:
- 2 zrela manga, olupljena in narezana na kocke
- 1 kumara, olupljena, brez semen in narezana na kocke
- 1 jalapeño paprika, brez semen in narezana na kocke
- 1/4 skodelice sesekljanega svežega cilantra
- 2 žlici limetinega soka
- 2 skodelici zelenjavne juhe
- Sol in poper po okusu

NAVODILA:
a) V mešalniku zmešajte mango, kumaro, poper jalapeño, koriander, limetin sok in zelenjavno juho.
b) Mešajte do gladkega.
c) Začinimo s soljo in poprom po okusu.
d) Pred serviranjem hladite v hladilniku vsaj 1 uro.
e) Postrezite hladno, okrašeno z rezino jalapeña za dodatno popestritev.

HLADNE SADNE JUHE

14. Hladna slivova juha

SESTAVINE:
- 4 zrele slive, izkoščičite in nasekljajte
- 1 skodelica navadnega jogurta
- 1/4 skodelice medu ali javorjevega sirupa
- 1 čajna žlička vanilijevega ekstrakta
- Ščepec cimeta
- Narezani mandlji za okras

NAVODILA:
a) V mešalniku zmešajte narezane slive, navadni jogurt, med ali javorjev sirup, ekstrakt vanilije in cimet.
b) Mešajte do gladkega.
c) Juho hladite v hladilniku vsaj 1 uro.
d) Postrežemo hladno, okrašeno z narezanimi mandlji.

15. Jewelbox sadna juha

SESTAVINE:
- 2 skodelici belega grozdnega soka
- 2 skodelici hruškovega nektarja
- 1 zrela banana, sesekljana
- 1 žlica svežega limoninega soka
- Ščepec soli
- 1/2 skodelice nesladkanega kokosovega mleka (neobvezno)
- 1 skodelica borovnic
- 1 zrel mango, olupljen, brez koščic in narezan na 1/4-palčne kocke
- 1 skodelica narezanega ananasa
- 1 skodelica narezanih jagod
- Listi sveže mete, za okras

NAVODILA:
a) V kuhinjskem robotu zmešajte grozdni sok, hruškov nektar, banano, limonin sok in sol. Mešajte do gladkega, nato pa prelijte v veliko skledo. Vmešajte kokosovo mleko, če ga uporabljate. Pokrijte in postavite v hladilnik, dokler se dobro ne ohladi, za 3 ure ali čez noč.
b) Ohlajeno juho nalijte v sklede in v vsako skledo dodajte po 1/4 skodelice borovnic, manga, ananasa in jagod. Okrasite z metinimi listi in postrezite.

16.Senegalska juha

SESTAVINE:

- 1 žlica olja iz kanole ali grozdnih pečk
- 1 srednja čebula, sesekljana
- 1 srednje velik korenček, sesekljan
- 1 strok česna, mlet
- 3 jabolka Granny Smith, olupljena, stržena in narezana
- 2 žlici vročega ali blagega curryja
- 2 žlički paradižnikove paste
- 3 skodelice lahke zelenjavne juhe, domače (glejte Lahka zelenjavna juha) ali kupljene v trgovini, ali voda Sol
- 1 skodelica navadnega nesladkanega sojinega mleka
- 4 čajne žličke mangovega čatnija, domačega (glejte Mangov čatni) ali kupljenega v trgovini, za okras

NAVODILA:

a) V velikem loncu za juho na zmernem ognju segrejte olje. Dodajte čebulo, korenje in česen. Pokrijte in kuhajte, dokler se ne zmehča, približno 10 minut. Dodajte jabolka in nadaljujte s kuhanjem, nepokrito, občasno premešajte, dokler se jabolka ne začnejo mehčati, približno 5 minut. Dodajte curry v prahu in med mešanjem kuhajte 1 minuto. Vmešajte paradižnikovo pasto, juho in sol po okusu. Odkrito dušite 30 minut.

b) Pretlačite juho v lonec s potopnim mešalnikom ali v mešalniku ali kuhinjskem robotu, po potrebi v serijah. Juho nalijte v večjo posodo, vmešajte sojino mleko, pokrijte in pustite v hladilniku, dokler se ne ohladi, približno 3 ure.

c) Juho nadevamo v sklede, vsako okrasimo z žličko čatnija in postrežemo.

17. Juha iz divjih česenj

SESTAVINE:
- 11/2 funtov zrelih češenj brez koščic
- 2 skodelici soka iz belega grozdja ali brusničnega soka
- 1/3 skodelice sladkorja
- 1 žlica svežega limoninega soka
- 1 skodelica veganskega vanilijevega sladoleda, zmehčanega
- 2 žlici češnjevega likerja

NAVODILA:
a) Nasekljajte 8 češenj in jih odstavite. Preostale češnje dajte v mešalnik ali predelovalec hrane in premešajte, dokler ne postane gladka. Dodajte grozdni sok, sladkor, limonin sok in 1/2 skodelice sladoleda ter
b) obdelajte do gladkega. Juho nalijte v nekovinsko skledo. Pokrijte in ohladite, dokler se ne ohladi, približno 3 ure.
c) V majhni skledi zmešajte preostalo 1/2 skodelice sladoleda in češnjev liker ter premešajte, da se dobro premešata. Dati na stran.
d) Ohlajeno juho nadevamo v skledice, okrasimo z žlico sladoledne mešanice in nasekljanimi češnjami ter postrežemo.

18. Poletna sadna juha

SESTAVINE:
- 2 skodelici sesekljane melone ali melone
- 1 skodelica narezanega svežega ananasa
- 1 zrel mango ali 2 breskvi, olupljeni, brez koščic in narezani
- 1 zrela banana, sesekljana
- 1 žlica svežega limoninega soka
- 1 skodelica svežega pomarančnega soka
- 1 skodelica jabolčnega ali ananasovega soka
- 1/2 skodelice navadnega nesladkanega sojinega mleka
- 1/3 skodelice veganskega navadnega jogurta ali veganske kisle smetane, domače (glejte Tofujevo kislo smetano) ali kupljene v trgovini
- 2 žlici agavinega nektarja
- 1/2 skodelice oluščenih narezanih jagod za okras
- Vejice sveže mete, za okras

NAVODILA:
a) V kuhinjskem robotu zmešajte melono, ananas, mango in banano ter jih premešajte, dokler ne postane gladka. Dodajte limonin sok, pomarančni sok, jabolčni sok in sojino mleko ter mešajte, dokler se dobro ne premeša. Juho nalijemo v večjo posodo. Pokrijte in ohladite, dokler se dobro ne ohladi, vsaj 3 ure.
b) V majhni skledi zmešajte jogurt in agavin nektar ter mešajte do gladkega. Ohlajeno juho nadevamo v sklede, okrasimo z žlico jogurtove mešanice, nekaj rezinami jagod in vejicami sveže mete ter postrežemo.

19. Danska jabolčna juha

SESTAVINE:
- 2 veliki jabolki, oluščeni, narezani
- 2 skodelici vode
- 1 cimetova palčka
- 3 celi nageljni
- ⅛ čajne žličke soli
- ½ skodelice sladkorja
- 1 žlica koruznega škroba
- 1 skodelica svežih suhih sliv, neolupljenih in narezanih
- 1 skodelica svežih breskev, olupljenih in narezanih
- ¼ skodelice portovca

NAVODILA:
a) V srednje veliki ponvi zmešajte jabolka, vodo, cimetovo palčko, nageljnove žbice in sol.
b) Zmešajte sladkor in koruzni škrob ter dodajte mešanici pasiranih jabolk.
c) Dodamo slive in breskve ter dušimo, dokler se sadje ne zmehča in se zmes rahlo zgosti.
d) Dodajte portovec.
e) Posamezne porcije prelijte s kančkom lahke kisle smetane ali nemastnega vanilijevega jogurta.

20.Ohlajena juha iz melone

SESTAVINE:
- 1 melona - olupljena, brez semen in narezana na kocke
- 2 skodelici pomarančnega soka
- 1 žlica svežega limetinega soka
- 1/4 čajne žličke mletega cimeta

NAVODILA:
a) Melono olupimo, odstranimo semena in narežemo na kocke. Melono in 1/2 skodelice pomarančnega soka dajte v mešalnik ali predelovalec hrane; pokrijte in obdelajte do gladkega.
b) Prenesite v veliko skledo. Vmešajte limetin sok, cimet in preostali pomarančni sok. Pokrijte in ohladite vsaj eno uro.
c) Po želji okrasite z meto.

21. Norveška borovničeva juha

SESTAVINE:
- 1 ovojnica želatine brez okusa
- ¼ skodelice hladne vode
- 4 skodelice svežega pomarančnega soka
- 3 žlice svežega limoninega soka
- ¼ skodelice sladkorja
- 2 skodelici svežih borovnic, opranih
- Sveža meta, za okras

NAVODILA:
a) Želatino zmehčajte v hladni vodi v skodelici za kremo. Postavite v ponev z vročo (ne vrelo) vodo, dokler se ne stopi in ni pripravljen za uporabo.
b) Pomarančni sok, limonin sok in sladkor zmešajte s stopljeno želatino. Mešajte, dokler se sladkor in želatina ne raztopita.
c) Hladite, dokler se mešanica ne začne gostiti.
d) V zmes stresemo borovnice.
e) Ohladite do serviranja.
f) Ohlajeno juho nadevamo v skodelice za juho in okrasimo s svežo meto.
g) Uživajte v osvežilni norveški borovničevi juhi!

22. Hladna kremna juha iz vodne kreše in jabolk

SESTAVINE:
- 2 šopka vodne kreše, stebla odstranimo
- 2 jabolki, olupljeni, strženi in narezani
- 2 skodelici zelenjavne juhe
- 1 skodelica navadnega grškega jogurta
- 1 žlica limoninega soka
- Sol in poper po okusu
- Listi vodne kreše za okras

NAVODILA:
a) V mešalniku zmešajte vodno krešo, sesekljana jabolka in zelenjavno juho.
b) Mešajte do gladkega.
c) Vmešajte grški jogurt in limonin sok. Začinimo s soljo in poprom po okusu.
d) Juho hladite v hladilniku vsaj 2 uri.
e) Postrežemo hladno, okrašeno z listi vodne kreše.

23.Hladna višnjeva juha

SESTAVINE:
- 2 skodelici izkoščičenih češenj
- 1 skodelica navadnega jogurta
- 1/4 skodelice medu ali javorjevega sirupa
- 1/2 čajne žličke mandljevega ekstrakta
- Ščepec cimeta
- Narezani mandlji za okras

NAVODILA:
a) V mešalniku zmešajte višnje, navadni jogurt, med ali javorjev sirup, mandljev izvleček in cimet.
b) Mešajte do gladkega.
c) Juho hladite v hladilniku vsaj 1 uro.
d) Postrezite hladno, okrašeno z naribanimi mandlji.

24. Danska jabolčna juha s sadjem in vinom

SESTAVINE:
- 2 veliki jabolki, odstraniti peščico, olupčiti in narezati na velike kocke
- 2 skodelici vode
- 1 cimetova palčka (2 palca)
- 3 celi nageljni
- 1/8 čajne žličke soli
- ½ skodelice sladkorja
- 1 žlica koruznega škroba
- 1 skodelica svežih suhih sliv, neolupljenih in narezanih na osmine
- 1 skodelica svežih breskev, olupljenih in narezanih na velike kocke
- ¼ skodelice portovca

NAVODILA:
a) V srednje veliki ponvi zmešajte jabolka, vodo, cimetovo palčko, nageljnove žbice in sol.
b) Pokrijte in kuhajte na srednjem ognju, dokler se jabolka ne zmehčajo.
c) Odstranite cele začimbe in pire tako, da vročo mešanico pretlačite skozi grobo cedilo.
d) Zmešajte sladkor in koruzni škrob ter dodajte mešanici pasiranih jabolk.
e) Dodamo slive in breskve ter dušimo, dokler se sadje ne zmehča in se zmes rahlo zgosti. To bo trajalo zelo kratek čas.
f) Dodajte portovec in okusite sladkost, po potrebi dodajte še sladkor. Ne pozabite pa, da mora biti okus te jabolčne juhe trpek.
g) Dobro ohladite.
h) Posamezne porcije prelijte s kančkom lahke kisle smetane ali nemastnega vanilijevega jogurta.
i) Smetano ali jogurt rahlo potresemo z malo muškatnega oreščka.

25. Hladna breskova jagodna juha

SESTAVINE:
- 2 zreli breskvi, olupljeni, brez koščic in narezani
- 1 skodelica jagod, oluščenih in sesekljanih
- 1 skodelica pomarančnega soka
- 1 žlica medu ali javorjevega sirupa (neobvezno)
- Listi sveže bazilike za okras

NAVODILA:
a) V mešalniku zmešajte sesekljane breskve, jagode, pomarančni sok in med (če ga uporabljate).
b) Mešajte do gladkega.
c) Juho hladite v hladilniku vsaj 1 uro.
d) Postrezite hladno, okrašeno z listi sveže bazilike.

26.Hladna marelična juha s kislo smetano

SESTAVINE:
- 500 g zrelih marelic, izkoščičenih in narezanih na kocke
- 1 skodelica kisle smetane
- 1/4 skodelice medu
- 1 žlica limoninega soka
- 1/2 čajne žličke mletega ingverja
- 1/4 čajne žličke mletega cimeta
- Sesekljana sveža meta za okras

NAVODILA:
a) V blenderju zmešajte na kocke narezane marelice, kislo smetano, med, limonin sok, mleti ingver in mleti cimet.
b) Mešajte do gladkega.
c) Juho hladite v hladilniku vsaj 2 uri.
d) Postrežemo hladno, okrašeno s sesekljano svežo meto.
e) (Opomba: prilagodite sladkost z več ali manj medu glede na osebne želje)

27.Hladna jagodna juha Caramel Mountain Ranch

SESTAVINE:
- 500 g svežih jagod, oluščenih in narezanih
- 1 skodelica navadnega jogurta
- 2 žlici medu
- 1 čajna žlička vanilijevega ekstrakta
- 1/4 čajne žličke mletega cimeta
- Listi sveže mete za okras

NAVODILA:
a) V mešalniku zmešajte narezane jagode, jogurt, med, vanilijev ekstrakt in mleti cimet.
b) Mešajte, dokler ni gladka in kremasta.
c) Juho hladite v hladilniku vsaj 1 uro.
d) Postrezite hladno, okrašeno z listi sveže mete.
e) (Opomba: okus "Caramel Mountain Ranch" lahko dodate tako, da juho pred postrežbo pokapate s karamelno omako)

28. Hladna papajina juha

SESTAVINE:
- 2 zreli papaji, olupljeni, brez semen in narezani
- 1 skodelica kokosovega mleka
- 2 žlici limetinega soka
- 1 žlica medu ali javorjevega sirupa (neobvezno)
- Ščepec soli
- Listi sveže mete za okras

NAVODILA:
a) V mešalniku zmešajte sesekljano papajo, kokosovo mleko, limetin sok, med (če ga uporabljate) in ščepec soli.
b) Mešajte do gladkega.
c) Juho hladite v hladilniku vsaj 1 uro.
d) Postrezite hladno, okrašeno z listi sveže mete.

29. Češnjeva juha iz citrusov

SESTAVINE:
- 4 skodelice razkoščičenih češenj
- 1 skodelica pomarančnega soka
- 1 žlica medu
- 1 čajna žlička limoninega soka
- 1/4 čajne žličke mletega cimeta
- Ščepec soli
- Listi sveže mete za okras

NAVODILA:
a) V blenderju zmešajte izkoščičene češnje, pomarančni sok, med, limonin sok, mleti cimet in ščepec soli.
b) Mešajte do gladkega.
c) Juho hladite v hladilniku vsaj 1 uro.
d) Postrezite hladno, okrašeno z listi sveže mete.

30.Danska sladka juha

SESTAVINE:
- 1 liter rdečega sadnega soka
- ½ skodelice rozin, zlate
- ½ skodelice ribeza
- ½ skodelice suhih sliv; ali slive, izkoščičene in narezane
- ½ skodelice sladkorja
- 3 žlice tapioke, Minut
- 2 rezini limone
- Majhna cimetova palčka

NAVODILA:
a) Zmešajte sadni sok, rozine, ribez, suhe slive in sladkor.
b) Dušimo nekaj minut in nato dodamo par rezin limone in majhno cimetovo palčko.
c) Dodajte tapioko.
d) Nadaljujte s kuhanjem, dokler se tapioka ne skuha in mešajte, da se tapioka ne sprime.
e) Položite v krožnike in postrezite s smetano ali Cool Whipom.

31. Hladna juha z melono in meto

SESTAVINE:
- 1 zrela melona (cantaloupe ali honeydew), brez semen in narezana na kocke
- 1 skodelica kokosove vode
- 2 žlici limetinega soka
- 1 žlica medu ali javorjevega sirupa (neobvezno)
- Listi sveže mete za okras

NAVODILA:
a) V mešalniku zmešajte kocke melone, kokosovo vodo, limetin sok in med (če ga uporabljate).
b) Mešajte do gladkega.
c) Juho hladite v hladilniku vsaj 1 uro.
d) Postrezite hladno, okrašeno z listi sveže mete.

32. Hladna borovničeva juha s pomarančnim zeliščnim sorbetom

SESTAVINE:
- 500 g svežih borovnic
- 2 skodelici pomarančnega soka
- 1/4 skodelice medu
- 1 čajna žlička naribane pomarančne lupinice
- 1/4 skodelice sesekljane sveže mete
- 1/4 skodelice sesekljane sveže bazilike
- Vanilijev sladoled za serviranje

NAVODILA:
a) V mešalniku zmešajte borovnice, pomarančni sok, med in naribano pomarančno lupinico.
b) Mešajte do gladkega.
c) Primešamo nasekljano meto in baziliko.
d) Juho hladite v hladilniku vsaj 2 uri.
e) Postrezite hladno, prelito s kepico vanilijevega sladoleda.

33. Norveška sadna juha (Sotsuppe)

SESTAVINE:
- 1 skodelica izkoščičenih suhih sliv
- ¾ skodelice rozin
- ¾ skodelice suhih marelic
- Hladna voda
- ¼ skodelice nekuhane tapioke za hitro kuhanje
- 2 skodelici vode
- 2 žlici limoninega soka
- 1 skodelica grozdnega soka
- 1 čajna žlička kisa
- ½ skodelice sladkorja
- 1 cimetova palčka

NAVODILA:
a) V 3-litrski ponvi zmešajte suhe slive, rozine in marelice. Dodajte toliko vode, da pokrije, približno 3 skodelice. Zavremo in pustimo lahno vreti 30 minut.
b) V majhni kozici zavrite 2 skodelici vode. Vmešajte tapioko in pustite vreti 10 minut.
c) Ko se sadje zmehča, dodamo kuhano tapioko, limonin sok, grozdni sok, kis, sladkor in cimetovo palčko. Zavremo, nato pa pustimo vreti še dodatnih 15 minut. Odstranite cimetovo palčko. Zmes se bo zgostila, ko se bo ohladila; dodajte še malo vode ali grozdnega soka, če se vam zdi pregosto.
d) Postrežemo toplo ali hladno. Če postrežemo hladno, jo lahko okrasimo s stepeno smetano.

34.Ohlajena juha z jagodnim jogurtom

SESTAVINE:
- 1 funt svežih jagod
- 1 ¼ skodelice vanilijevega jogurta
- 3 žlice slaščičarskega sladkorja
- 2 žlici koncentrata pomarančnega soka
- 1/8 čajne žličke mandljevega izvlečka ali ½ čajne žličke limoninega soka

NAVODILA:
a) Zmešajte jagode, jogurt, sladkor, koncentrat pomarančnega soka in ekstrakt.
b) Okrasite s preostalim jogurtom.

35.iz jagod / borovnic

SESTAVINE:
- 1 funt svežih jagod ali borovnic, dobro očiščenih
- 1 ¼ skodelice vode
- 3 žlice granuliranega sladila
- 1 žlica svežega limoninega soka
- ½ skodelice sojine ali riževe smetane za kavo
- Po želji: 2 skodelici kuhanih, ohlajenih rezancev

NAVODILA:
a) V srednje velikem loncu zmešajte sadje z vodo in na hitro segrejte.
b) Zmanjšajte ogenj na nizko, pokrijte in kuhajte 20 minut oziroma dokler sadje ni zelo mehko.
c) Zmešajte v mešalniku do gladkega. Pire vrnemo v lonec in vanj vmešamo sladkor, limonin sok in smetano. Po mešanju pustite vreti 5 minut.
d) Pred serviranjem juho ohladite vsaj 2 uri.
e) To juho tradicionalno postrežemo samostojno ali s hladnimi rezanci.

36. Karibska avokadova juha

SESTAVINE:
- 3 zreli avokadi
- ½ skodelice jogurta
- 2½ skodelice organske piščančje juhe
- 1 čajna žlička karija v prahu
- 1 čajna žlička soli
- ¼ čajne žličke belega popra

NAVODILA
a) Avokado po dolžini prepolovite, iz petih polovic izdolbite meso in eno polovico rezervirajte za okras.
b) Dodajte eno skodelico piščančje juhe v mešalnik skupaj z avokadom. Mešajte.
c) Mešalnik napolnite z jogurtom, preostalo 1 skodelico jušne osnove, soljo, belim poprom in curryjem. Ponovno premešajte.
d) Hladite 5 do 10 minut v hladilniku.
e) Postrezite takoj in vsako jed obložite z nekaj rezinami rezerviranega avokada.

HLADNE ZELENJAVNE JUHE

37.Sladki krompir Vichyssoise

SESTAVINE:
- 1 žlica oljčnega olja
- 2 srednje velika pora, samo bele dele, dobro oplaknjena in narezana
- 3 veliki sladki krompirji, olupljeni in narezani
- 3 skodelice zelenjavne juhe, domače (glejte Lahka zelenjavna juha) ali kupljene v trgovini, ali voda Sol
- Ščepec mletega kajenskega lista
- 1 skodelica navadnega nesladkanega sojinega mleka ali več po potrebi
- Narezan svež drobnjak, za okras

NAVODILA:

a) V velikem loncu za juho na zmernem ognju segrejte olje. Dodamo por in kuhamo do mehkega približno 5 minut. Dodajte sladki krompir, juho ter sol in kajenski pek po okusu. Zavremo, nato zmanjšamo ogenj na nizko in pustimo vreti, odkrito, dokler se krompir ne zmehča, približno 30 minut.

b) Pretlačite juho v lonec s potopnim mešalnikom ali v mešalniku ali kuhinjskem robotu, po potrebi v serijah. Prenesite v večjo posodo in vmešajte sojino mleko. Pokrijte in ohladite, dokler se ne ohladi, vsaj 3 ure. Okusite, po potrebi prilagodite začimbe in dodajte še malo sojinega mleka, če je juha pregosta.

c) Prelijemo v sklede, potresemo z drobnjakom in postrežemo.

38. Ohlajena avokadovo-paradižnikova juha

SESTAVINE:
- 2 stroka česna, zdrobljena
- Sol
- 2 zrela avokada Hass
- 2 žlički limoninega soka
- 2 funta zrelih slivovih paradižnikov, grobo narezanih
- (14,5 unč) lahko zdrobljen paradižnik
- skodelica paradižnikovega soka
- Sveže mleti črni poper
- 8 svežih listov bazilike, za okras

NAVODILA:
a) V mešalniku ali kuhinjskem robotu zmešajte česen in 1/2 čajne žličke soli ter jih predelajte v pasto.
b) Enemu od avokadov izkoščičite in olupite ter ga skupaj z limoninim sokom dodajte v kuhinjski robot. Postopek do gladkega. Dodamo sveže in konzervirane paradižnike, paradižnikov sok ter sol in poper po okusu. Postopek do gladkega.
c) Prenesite juho v veliko posodo, pokrijte in postavite v hladilnik, dokler se ne ohladi, 2 do 3 ure.
d) Okusite, po potrebi prilagodite začimbe. Preostali avokado olupimo in izkoščičimo ter ga narežemo na majhne kocke. Liste bazilike narežemo na tanke trakove. Juho nadevamo v sklede, dodamo na kocke narezan avokado, okrasimo z baziliko in postrežemo.

39. Kumarična juha iz indijskih oreščkov

SESTAVINE:
- 1 strok česna, zdrobljen
- 1/2 čajne žličke soli
- 1 skodelica navadnega nesladkanega sojinega mleka
- 2 srednji angleški kumari, olupljeni in narezani
- 2 žlici sesekljane zelene čebule
- 1 žlica svežega limoninega soka
- 1 žlica mletega svežega peteršilja
- 2 žlički mletega svežega kopra ali 1/2 žličke posušenega
- 1 žlica narezanega svežega drobnjaka za okras

NAVODILA:

a) V blenderju ali kuhinjskem robotu zmeljemo indijske oreščke v fin prah. Dodajte česen in sol ter mešajte, dokler ne nastane gosta pasta. Dodajte 1/4 skodelice sojinega mleka in mešajte, dokler ni gladka in kremasta.

b) Dodajte kumare, zeleno čebulo, limonin sok, peteršilj in koper ter premešajte, dokler ni gladka.

c) Dodajte preostale ¾ skodelice sojinega mleka in obdelujte, dokler se dobro ne premeša.

d) Mešanico prenesite v veliko posodo, pokrijte in postavite v hladilnik, dokler se dobro ne ohladi in se okusi ne premešajo, 2 do 3 ure. Okusite, po potrebi prilagodite začimbe.

e) Juho nadevamo v sklede, okrasimo z drobnjakom in postrežemo.

40. Ohlajena korenčkova juha

SESTAVINE:
- 1 žlica olja iz kanole ali grozdnih pečk
- 1 majhna čebula, sesekljana
- 1 funt korenja, naribanega
- 3 zreli češpljevi paradižniki, narezani
- 1 čajna žlička naribanega svežega ingverja
- 1 čajna žlička sladkorja
- 1/2 čajne žličke soli
- 1/8 čajne žličke mletega kajenskega lista
- 3 skodelice zelenjavne juhe, domače (glejte Lahka zelenjavna juha) ali kupljene v trgovini, ali vode
- 1 (13,5 unč) pločevinka nesladkanega kokosovega mleka
- 1 čajna žlička svežega limetinega soka
- 1 žlica mlete sveže bazilike ali cilantra

NAVODILA:
a) V velikem loncu za juho na zmernem ognju segrejte olje. Dodajte čebulo, pokrijte in kuhajte, dokler se ne zmehča, 5 minut. Vmešajte korenje, pokrijte in kuhajte še 5 minut. Dodajte paradižnik, ingver, sladkor, sol, kajensko papriko in juho. Zavremo, nato zmanjšamo ogenj na nizko in pustimo vreti, odkrito, dokler se zelenjava ne zmehča, približno 30 minut.
b) Pretlačite juho v lonec s potopnim mešalnikom ali v mešalniku ali kuhinjskem robotu, po potrebi v serijah. Juho nalijte v veliko skledo, vmešajte kokosovo mleko in limetin sok ter pustite v hladilniku, dokler se ne ohladi, vsaj 3 ure.
c) Okusite, po potrebi prilagodite začimbe in nalijte v sklede. Okrasite z baziliko in postrezite.

41.Ohlajena pesna juha

SESTAVINE:
- 11/2 kilograma rdeče pese
- 2 žlici olivnega olja
- 1 majhna rdeča čebula, sesekljana
- 1 strok česna, mlet
- 1 čajna žlička sladkorja
- 3 žlice balzamičnega kisa
- (14,5 unč) lahko zdrobljen paradižnik
- srednje rdeč krompir, olupljen in narezan
- srednji korenček, sesekljan
- 4 skodelice zelenjavne juhe, domače (glejte Lahka zelenjavna juha) ali kupljene v trgovini, ali vode
- 1 skodelica jabolčnega soka
- Sol in sveže mlet črni poper
- Veganska kisla smetana, domača (glej tofujevo kislo smetano) ali kupljena v trgovini, za okras
- Sesekljan svež koper, za okras

NAVODILA:
a) V veliki kozici z vrelo vodo kuhajte peso toliko časa, da se lupine zrahljajo, tako da se zlahka odstranijo, 15 do 20 minut. Odcedite in pustite, da se ohladi, nato odstranite lupino in zavrzite. Peso grobo nasekljajte in odstavite.
b) V velikem loncu za juho na zmernem ognju segrejte olje. Dodajte čebulo, pokrijte in kuhajte, dokler se ne zmehča, približno 5 minut. Vmešajte česen, sladkor in kis ter kuhajte odkrito, dokler kis ne izhlapi, približno 1 minuto. Dodamo paradižnik, narezano peso, krompir in korenček. Primešajte juho in jabolčni sok. Začinimo s soljo in poprom po okusu. Zavremo, nato zmanjšamo na nizko in pustimo vreti, odkrito, dokler se zelenjava ne zmehča, približno 30 minut. Odstranite z ognja in pustite, da se nekoliko ohladi.
c) Pretlačite juho v mešalniku ali kuhinjskem robotu, po potrebi v serijah. Prenesite juho v veliko posodo, pokrijte in pustite v hladilniku, dokler se ne ohladi, vsaj 3 ure.
d) Nalijte v sklede, okrasite s kislo smetano in koprom ter postrezite.

42. Hladna zelena zelenjavna juha z ribami

SESTAVINE:
- 500 g mešane zelene zelenjave (kot so kumare, zelena paprika in zelena čebula), drobno sesekljane
- 200 g kuhane ribe (na primer postrvi ali lososa), v kosmičih
- 2 skodelici zelenjavne juhe
- 1 skodelica kisle smetane
- 2 žlici sesekljanega svežega kopra
- 2 žlici sesekljanega svežega peteršilja
- Sol in poper po okusu
- Rezine limone za okras

NAVODILA:
a) V veliki skledi zmešajte sesekljano zeleno zelenjavo in ribe v kosmičih.
b) Mešajte zelenjavno juho in kislo smetano, dokler se dobro ne povežeta.
c) Dodamo sesekljan koper, peteršilj, sol in poper ter dobro premešamo.
d) Pred serviranjem juho hladite v hladilniku vsaj 1 uro.
e) Postrežemo hladno, okrašeno z rezinami limone.

43. Hladna juha Tomatillo

SESTAVINE:
- 1 funt paradižnikov, oluščenih in na četrtine narezanih
- 1 avokado, olupljen in brez koščic
- 1/2 skodelice sesekljanega cilantra
- 1 jalapeño paprika, brez semen in narezana
- 2 skodelici zelenjavne juhe
- 1/4 skodelice limetinega soka
- Sol in poper po okusu
- Trakovi tortilje za okras

NAVODILA:
a) V mešalniku zmešajte na četrtine narezane paradižnike, avokado, sesekljan koriander, sesekljan poper jalapeño, zelenjavno juho in limetin sok.
b) Mešajte do gladkega.
c) Začinimo s soljo in poprom po okusu.
d) Juho hladite v hladilniku vsaj 1 uro.
e) Postrezite hladno, okrašeno s trakovi tortilje.

44. Korenčkova in jogurtova juha

SESTAVINE:
- 4 skodelice narezanega dušenega korenja
- 1 skodelica hladne vode
- ½ skodelice navadnega 2% grškega jogurta
- ¼ skodelice surovih nesoljenih indijskih oreščkov
- 2 žlici limetinega soka
- ¾ čajne žličke kumine
- ½ čajne žličke kurkume
- ½ čajne žličke grobe soli

NAVODILA:
a) Zmešajte korenje, vodo, jogurt, indijske oreščke, limetin sok, kumino, kurkumo in sol.
b) Pred serviranjem ohladite.

45. Hladna juha iz bučk in pora

SESTAVINE:
- 2 bučki, sesekljani
- 1 por, samo beli in svetlo zeleni deli, narezan
- 2 skodelici zelenjavne juhe
- 1/2 skodelice navadnega grškega jogurta
- 2 žlici limoninega soka
- 1 žlica sesekljanega svežega kopra
- Sol in poper po okusu
- Trakovi iz bučk za okras

NAVODILA:
a) V loncu prepražimo nasekljan por, dokler se ne zmehča.
b) Dodamo sesekljane bučke in zelenjavno juho. Zavremo in kuhamo 10 minut.
c) Odstranite z ognja in pustite, da se nekoliko ohladi.
d) Zmes prenesite v mešalnik in mešajte, dokler ni gladka.
e) Vmešajte grški jogurt, limonin sok, sesekljan svež koper, sol in poper.
f) Juho hladite v hladilniku vsaj 1 uro.
g) Postrezite hladno, okrašeno s pentljami iz bučk.

46. Juha iz bučk in avokada

SESTAVINE:
- 4 skodelice sesekljane bučke
- 1 avokado
- ¾ skodelice hladne vode
- ½ skodelice sesekljanega cilantra
- ½ skodelice vodne kreše
- 3 žlice limoninega soka
- ½ čajne žličke grobe soli
- ½ skodelice čičerike, oprane in odcejene

NAVODILA:
a) Zmešajte bučke, avokado, vodo, koriander, vodno krešo, limonin sok in sol.
b) Pred serviranjem ohladite.

47. Hladna juha iz kumar in špinače

SESTAVINE:
- 2 kumari, olupljeni in narezani
- 2 skodelici svežih listov špinače
- 1/2 skodelice navadnega jogurta
- 2 žlici limoninega soka
- 1 žlica sesekljanega svežega kopra
- Sol in poper po okusu
- Rezine kumare za okras

NAVODILA:
a) V mešalniku zmešajte sesekljane kumare, sveže liste špinače, navadni jogurt, limonin sok, sesekljan svež koper, sol in poper.
b) Mešajte do gladkega.
c) Juho hladite v hladilniku vsaj 1 uro.
d) Postrezite hladno, okrašeno z rezinami kumare.

48. Hladna avokadova juha s čilijevo koriandrovo kremo

SESTAVINE:
- 2 zrela avokada, olupljena in brez koščic
- 2 skodelici zelenjavne juhe
- 1/2 skodelice kisle smetane
- 1 žlica svežega limetinega soka
- 1/2 čajne žličke mlete kumine
- Sol in poper po okusu
- 1/4 skodelice sesekljanega svežega cilantra
- Kosmiči rdečega čilija za okras

NAVODILA:
a) V mešalniku zmešajte avokado, zelenjavno juho, kislo smetano, limetin sok in mleto kumino.
b) Mešajte do gladkega.
c) Začinimo s soljo in poprom po okusu.
d) Juho hladite v hladilniku vsaj 1 uro.
e) Za serviranje hladno juho nalijte v sklede. Okrasite s sesekljanim cilantrom in kosmiči rdečega čilija.

49.Juha iz pese in rdečega zelja

SESTAVINE:
- Dva paketa po 8 unč predkuhane pese
- 1 skodelica pinjenca
- 1 skodelica narezanega rdečega zelja
- ¼ skodelice kopra
- 2 žlici pripravljenega hrena
- ¾ čajne žličke grobe soli

NAVODILA:
a) Zmešajte peso, pinjenec, zelje, koper, hren in sol.
b) Pred serviranjem ohladite.

50.Juha iz paradižnika in rdeče paprike

SESTAVINE:
- 1 skodelica odcejene pečene rdeče paprike
- 4 skodelice na četrtine narezanega paradižnika
- ¼ skodelice vsake sesekljane bazilike in praženih mandljev
- 2 žlici ekstra deviškega oljčnega olja
- 1 žlica sherryja ali rdečega vinskega kisa

NAVODILA:
a) Zmešajte vse sestavine.
b) Pred serviranjem ohladite.

51.Ingverjeva in korenčkova juha

SESTAVINE:
- 2 žlici olivnega olja
- 1 srednja čebula
- 1 2-palčni kos svežega ingverja
- 1 strok česna
- 2 funta korenja
- 6 skodelic zelenjavne juhe z nizko vsebnostjo natrija
- Sok 1 limete
- 1 skodelica navadnega jogurta
- Sol in sveže mlet črni poper po okusu

NAVODILA:
a) Pražite čebulo, ingver in česen.
b) Dodamo korenje in juho, dušimo, dokler se ne zmehča.
c) Juho pretlačimo in ohladimo.
d) Pred serviranjem vmešajte limetin sok in jogurt.

52.Hladna juha iz avokada in pinjenca

SESTAVINE:
- 2 zrela avokada, olupljena in brez koščic
- 2 skodelici pinjenca
- 1/4 skodelice sesekljanega svežega cilantra
- 2 žlici svežega limetinega soka
- 1 strok česna, mlet
- Sol in poper po okusu
- Na tanke rezine narezane redkvice za okras
- Rezine limete za okras

NAVODILA:
a) V mešalniku zmešajte avokado, pinjenec, koriander, limetin sok in sesekljan česen.
b) Mešajte, dokler ni gladka in kremasta.
c) Začinimo s soljo in poprom po okusu.
d) Juho hladite v hladilniku vsaj 1 uro.
e) Postrezite hladno, okrašeno s tanko narezanimi redkvicami in rezinami limete.

53. Česnova juha iz bučk s karijem

SESTAVINE:
- 2 žlici olivnega olja
- 1 srednja čebula
- 1 strok česna
- 2 žlički karija v prahu
- 2 kilograma bučk
- 4 skodelice piščančje ali zelenjavne juhe z nizko vsebnostjo natrija
- Sol in sveže mlet črni poper po okusu
- 1 skodelica kisle smetane z manj maščobe
- 2 žlici sesekljanega svežega cilantra za okras

NAVODILA:
a) Prepražimo čebulo, česen in kari.
b) Dodamo bučke in juho, dušimo, dokler se ne zmehčajo.
c) Juho pretlačimo in ohladimo.
d) Pred serviranjem primešamo kislo smetano in začinimo.

54. Koprov jogurt in kumarična juha

SESTAVINE:
- 2 veliki kumari, olupljeni in narezani na kocke
- 2 skodelici grškega jogurta
- 1 strok česna, mlet
- 2 žlici svežega limoninega soka
- 1 žlica sesekljanega svežega kopra
- Sol in poper po okusu
- Ekstra deviško oljčno olje za prelivanje
- Sesekljana sveža meta za okras

NAVODILA:
a) V mešalniku zmešajte na kocke narezane kumare, grški jogurt, sesekljan česen, limonin sok in sesekljan koper.
b) Mešajte, dokler ni gladka in kremasta.
c) Začinimo s soljo in poprom po okusu.
d) Juho hladite v hladilniku vsaj 2 uri.
e) Preden postrežemo, pokapamo z ekstra deviškim oljčnim oljem in okrasimo z nasekljano svežo meto.

55. Boršč

SESTAVINE:
- 2 šopka pese z zelenjem (približno 8-9 srednje velikih pes)
- ½ skodelice sesekljane čebule
- Enokilogramska pločevinka dušenih paradižnikov
- 3 žlice svežega limoninega soka
- ⅓ skodelice granuliranega sladila

NAVODILA:
a) Peso skrtačite in očistite, lupine pa pustite. Zelenje naj bo varno. V velikem loncu zmešajte peso, čebulo in 3 litre vode.
b) Kuhamo eno uro oziroma toliko časa, da se pesa izredno zmehča. Peso odstranite iz vode, vendar VODE NE ZAVRZITE. Odstranite čebulo.
c) Peso vrnite v vodo, ko jo na drobno nasekljate. Zelenje je treba pred dodajanjem v vodo oprati in nasekljati. V posodi za mešanje zmešajte paradižnik, limonin sok in sladilo. Kuhajte 30 minut na srednjem ognju ali dokler se zelena ne zmehča.
d) Preden postrežete, ohladite vsaj 2 uri.

56. Kremna juha z baziliko in bučkami

SESTAVINE:
- 1 žlica olivnega olja
- 1 velika rumena čebula, sesekljana
- 2 funta bučk, narezanih na 1/4 palca debelo
- 4 skodelice z zmanjšano vsebnostjo natrija ali domače piščančje juhe
- 1 skodelica ohlapno zapakiranih listov bazilike, opranih in oluščenih, plus več za okras
- 2 žlici crème fraîche (glej opombe), plus več za okras
- 1/4 čajne žličke čilija v prahu, plus več za okras
- Košer sol

NAVODILA:

a) V veliki ponvi na srednjem ognju segrejte olivno olje. Dodajte čebulo in kuhajte, dokler ne postekleni, približno 5 minut. Dodajte bučke in kuhajte še 2 minuti; nato dodajte piščančjo juho in 1 skodelico listov bazilike. Zmanjšajte ogenj, da zavre in kuhajte 20 minut.

b) Pretlačite juho v serijah v mešalniku. Juho skozi cedilo prelijemo v skledo, z zajemalko pretlačimo trde koščke. Dodajte 2 žlici. crème fraîche in 1/4 žličke. čili v prahu. Po okusu začinimo s soljo.

c) Juho porazdelite po skledah in vsako okrasite z nekaj kremšnite, kančkom čilija v prahu in nekaj listi bazilike.

HLADNE JUHE IZ RIB IN MORSKIH SADEŽEV

57. Hladna kumarična juha z zeliščnimi kozicami

SESTAVINE:
- 2 veliki angleški kumari
- 1 skodelica navadnega jogurta
- 2 stroka česna
- 2 žlici svežega kopra, sesekljanega
- 2 žlici sveže mete, sesekljane
- 1 limona
- Sol
- Poper
- 12 velikih kozic, olupljenih in razrezanih
- Olivno olje
- 1 žlica svežega peteršilja, sesekljanega (za okras)

NAVODILA:
PRIPRAVITE KUMARIČNO JUHO:
a) Kumare olupimo in nasekljamo.
b) V mešalniku ali kuhinjskem robotu zmešajte sesekljane kumare, jogurt, stroke česna, koper, meto in sok polovice limone.
c) Mešajte do gladkega.
d) Juho po okusu začinimo s soljo in poprom.
e) Prenesite juho v veliko skledo in jo ohladite, dokler je ne pripravite za serviranje.

PRIPRAVITE ZELIŠČNE KOZICE:
f) V ponvi ali ponvi na srednje močnem ognju segrejte kapljico oljčnega olja.
g) Kozice posolimo in popopramo.
h) Dodajte kozice v ponev in jih kuhajte 2-3 minute na vsaki strani ali dokler niso rožnate in pečene.
i) Med kuhanjem po kozicah iztisnemo sok preostale polovice limone.
j) Odstranite kozice iz ponve in jih postavite na stran.

POSTREZI:
k) Ohlajeno kumarično juho nadevamo v sklede.
l) Na vrh vsake sklede položite nekaj zeliščnih kozic.
m) Okrasite s sesekljanim peteršiljem.
n) Postrezite takoj in uživajte v osvežilni hladni kumarični juhi z zeliščnimi kozicami!

58. Ohlajena juha s kozicami in avokadom

SESTAVINE:
- 1 lb kuhanih kozic, olupljenih in razrezanih
- 2 zrela avokada, olupljena in narezana na kocke
- 1 kumara, olupljena, brez semen in narezana na kocke
- 1/4 skodelice sesekljanega svežega cilantra
- 2 žlici limetinega soka
- 2 skodelici zelenjavne juhe ali morske juhe
- Sol in poper po okusu

NAVODILA:
a) V mešalniku zmešajte en avokado, polovico kumare, koriander, limetin sok in zelenjavno juho. Mešajte do gladkega.
b) Preostali avokado in kumaro nasekljajte na majhne koščke in ju dodajte juhi.
c) Primešamo kuhano kozico.
d) Začinimo s soljo in poprom po okusu.
e) Pred serviranjem hladite v hladilniku vsaj 1 uro.
f) Postrezite hladno, po želji okrasite z dodatnim cilantrom.

59.Ohlajen biskvit z jastogom

SESTAVINE:
- 2 jastogova repa, kuhana in narezana
- 2 skodelici težke smetane
- 1 skodelica morske juhe
- 1/4 skodelice suhega šerija
- 2 žlici paradižnikove paste
- 1/4 čajne žličke paprike
- Sol in poper po okusu
- Sesekljan drobnjak za okras

NAVODILA:
a) V mešalniku zmešajte kuhane jastogove repke, smetano, morsko osnovo, šeri, paradižnikovo pasto in papriko. Mešajte do gladkega.
b) Začinimo s soljo in poprom po okusu.
c) Pred serviranjem hladite v hladilniku vsaj 2 uri.
d) Postrežemo hladno, okrašeno s sesekljanim drobnjakom.

60.Hladna juha iz dimljenega lososa

SESTAVINE:

- 8 oz dimljenega lososa, sesekljanega
- 2 skodelici grškega jogurta
- 1 kumara, olupljena, brez semen in narezana na kocke
- 2 zeleni čebuli, narezani na tanke rezine
- 2 žlici sesekljanega svežega kopra
- 2 žlici limoninega soka
- 1 skodelica zelenjavne juhe ali morske juhe
- Sol in poper po okusu

NAVODILA:

a) V mešalniku zmešajte dimljenega lososa, grški jogurt, kumare, zeleno čebulo, koper, limonin sok in zelenjavno juho. Mešajte do gladkega.
b) Začinimo s soljo in poprom po okusu.
c) Pred serviranjem hladite v hladilniku vsaj 1 uro.
d) Postrežemo hladno, okrašeno z vejico kopra.

61. Ohlajen Gazpacho iz rakov

SESTAVINE:
- 1 lb kepe rakovega mesa
- 2 velika paradižnika, narezana na kocke
- 1 kumara, olupljena, brez semen in narezana na kocke
- 1 rdeča paprika, narezana na kocke
- 1/4 skodelice sesekljane rdeče čebule
- 2 stroka česna, nasekljana
- 2 žlici sesekljanega svežega peteršilja
- 2 žlici rdečega vinskega kisa
- 2 skodelici paradižnikovega soka
- Sol in poper po okusu

NAVODILA:
a) V mešalniku zmešajte en paradižnik, polovico kumare, polovico rdeče paprike, rdečo čebulo, česen, peteršilj, rdeči vinski kis in paradižnikov sok. Mešajte do gladkega.
b) Preostali paradižnik, kumaro in rdečo papriko narežemo na majhne koščke in dodamo juhi.
c) Vmešajte grudo rakovega mesa.
d) Začinimo s soljo in poprom po okusu.
e) Pred serviranjem hladite v hladilniku vsaj 1 uro.
f) Postrezite hladno, po želji okrasite z dodatnim peteršiljem.

62. Hladna rakova juha

SESTAVINE:
- 500 g kosov rakovega mesa
- 2 skodelici piščančje juhe
- 1 skodelica težke smetane
- 1/4 skodelice suhega belega vina
- 1/4 skodelice sesekljanega svežega drobnjaka
- 2 žlici limoninega soka
- Sol in poper po okusu
- Limonine rezine za okras

NAVODILA:
a) V veliki skledi zmešajte meso rakovice, piščančjo juho, smetano, belo vino, sesekljan drobnjak in limonin sok.
b) Začinimo s soljo in poprom po okusu.
c) Juho hladite v hladilniku vsaj 1 uro.
d) Postrezite hladno, okrašeno z rezinami limone.
e) (Opomba: po želji lahko juho pretlačimo za bolj gladko konsistenco)

63. Hladna juha iz pinjenca in kozic

SESTAVINE:
- 2 skodelici pinjenca
- 1 skodelica navadnega jogurta
- 200 g kuhanih kozic, olupljenih in razrezanih
- 1 kumara, olupljena, brez semen in narezana na kocke
- 2 žlici sesekljanega svežega kopra
- 1 žlica sesekljanega svežega drobnjaka
- Sol in poper po okusu
- Limonine rezine za okras

NAVODILA:
a) V veliki skledi zmešajte pinjenec, navadni jogurt, kuhane kozice, na kocke narezano kumaro, sesekljan koper in sesekljan drobnjak.
b) Začinimo s soljo in poprom po okusu.
c) Juho hladite v hladilniku vsaj 1 uro.
d) Postrezite hladno, okrašeno z rezinami limone.

64. Ohlajena juha iz kumar in rakov

SESTAVINE:
- 1 lb kepe rakovega mesa
- 2 angleški kumari, olupljeni in narezani na kocke
- 1/2 skodelice navadnega grškega jogurta
- 1/4 skodelice sesekljanega svežega kopra
- 2 žlici limoninega soka
- 2 skodelici zelenjavne juhe ali morske juhe
- Sol in poper po okusu

NAVODILA:
a) V mešalniku zmešajte eno kumaro, grški jogurt, koper, limonin sok in zelenjavno juho. Mešajte do gladkega.
b) Preostalo kumaro narežemo na majhne koščke in dodamo juhi.
c) Vmešajte grudo rakovega mesa.
d) Začinimo s soljo in poprom po okusu.
e) Pred serviranjem hladite v hladilniku vsaj 1 uro.
f) Postrežemo hladno, okrašeno z vejico kopra.

65. Ohlajena juha s kokosovimi kozicami

SESTAVINE:
- 1 lb kuhanih kozic, olupljenih in razrezanih
- 1 pločevinka (13,5 oz) kokosovega mleka
- 1 skodelica piščančje ali morske juhe
- 1 rdeča paprika, narezana na kocke
- 1/2 skodelice narezanega ananasa
- 2 žlici limetinega soka
- 1 žlica ribje omake
- 1 žlica sesekljanega svežega cilantra
- Sol in poper po okusu

NAVODILA:
a) V mešalniku zmešajte kokosovo mleko, juho, limetin sok, ribjo omako in polovico rdeče paprike. Mešajte do gladkega.
b) Vmešajte preostalo rdečo papriko, na kocke narezan ananas in kuhane kozice.
c) Začinimo s soljo in poprom po okusu.
d) Pred serviranjem hladite v hladilniku vsaj 1 uro.
e) Postrezite hladno, okrašeno s sesekljanim cilantrom.

66. Hladna juha s tuno in belim fižolom

SESTAVINE:
- 2 pločevinki (po 5 oz) tune, odcejene
- 2 skodelici kuhanega belega fižola (kot so kanelini ali modri fižol)
- 1 skodelica narezanega paradižnika
- 1/4 skodelice sesekljane rdeče čebule
- 2 žlici sesekljanega svežega peteršilja
- 2 žlici rdečega vinskega kisa
- 1 žlica olivnega olja
- Sol in poper po okusu

NAVODILA:
a) V veliki skledi zmešajte tuno, beli fižol, na kocke narezan paradižnik, rdečo čebulo, peteršilj, rdeči vinski kis in olivno olje.
b) Začinimo s soljo in poprom po okusu.
c) Pred serviranjem hladite v hladilniku vsaj 1 uro.
d) Postrezite hladno, po želji okrasite z dodatnim peteršiljem.

67.Ohlajena pokrovača in koruzna juha

SESTAVINE:
- 1 lb morskih pokrovač, kuhanih in narezanih
- 2 skodelici svežih koruznih zrn
- 1 rdeča paprika, narezana na kocke
- 1/2 skodelice narezane zelene
- 2 zeleni čebuli, narezani na tanke rezine
- 2 skodelici zelenjavne juhe ali morske juhe
- 1/4 skodelice limetinega soka
- 1/4 skodelice sesekljanega svežega cilantra
- Sol in poper po okusu

NAVODILA:
a) V veliki skledi zmešajte morske pokrovače, koruzna zrna, rdečo papriko, zeleno, zeleno čebulo, zelenjavno juho, limetin sok in koriander.
b) Začinimo s soljo in poprom po okusu.
c) Pred serviranjem hladite v hladilniku vsaj 1 uro.
d) Postrezite hladno, okrašeno z vejico cilantra.

HLADNE PERUTNINSKE JUHE

68. Ohlajena piščančja in zelenjavna juha

SESTAVINE:
- 2 skodelici kuhanih piščančjih prsi, narezanih
- 2 korenčka, olupljena in narezana na kocke
- 2 stebli zelene, narezani na kocke
- 1/2 skodelice zamrznjenega graha
- 1/4 skodelice sesekljanega svežega peteršilja
- 6 skodelic piščančje juhe
- 2 žlici limoninega soka
- Sol in poper po okusu

NAVODILA:
a) V veliki skledi zmešajte kuhana piščančja prsa, korenje, zeleno, grah in peteršilj.
b) Zmes prelijemo s piščančjo juho in limoninim sokom ter dobro premešamo.
c) Začinimo s soljo in poprom po okusu.
d) Pred serviranjem hladite v hladilniku vsaj 2 uri.
e) Postrezite hladno, po želji okrasite z dodatnim peteršiljem.

69. Ohlajena purana in brusnična juha

SESTAVINE:
- 2 skodelici kuhanih puranjih prsi, narezanih
- 1/2 skodelice posušenih brusnic
- 1/4 skodelice sesekljanih pekanov
- 2 zeleni čebuli, narezani na tanke rezine
- 4 skodelice piščančje juhe
- 1/2 skodelice navadnega grškega jogurta
- 2 žlici javorjevega sirupa
- Sol in poper po okusu

NAVODILA:
a) V veliki skledi zmešajte kuhane puranje prsi, posušene brusnice, pekan orehe in zeleno čebulo.
b) V ločeni skledi zmešajte piščančjo juho, grški jogurt in javorjev sirup, dokler ni gladka.
c) Mešanico juhe prelijte čez mešanico purana in dobro premešajte.
d) Začinimo s soljo in poprom po okusu.
e) Pred serviranjem hladite v hladilniku vsaj 2 uri.
f) Postrezite hladno, okrašeno s posipom sesekljanih pekanov.

70.Ohlajena piščančja in koruzna juha

SESTAVINE:
- 2 skodelici kuhanih piščančjih prsi, narezanih na kocke
- 2 skodelici svežih ali zamrznjenih koruznih zrn
- 1 rdeča paprika, narezana na kocke
- 1/2 skodelice narezane kumare
- 1/4 skodelice sesekljanega svežega cilantra
- 4 skodelice piščančje juhe
- 2 žlici limetinega soka
- Sol in poper po okusu

NAVODILA:
a) V veliki skledi zmešajte kuhana piščančja prsa, koruzna zrna, rdečo papriko, kumaro in koriander.
b) Zmes prelijemo s piščančjo juho in limetinim sokom ter dobro premešamo.
c) Začinimo s soljo in poprom po okusu.
d) Pred serviranjem hladite v hladilniku vsaj 2 uri.
e) Postrezite hladno, okrašeno z vejico cilantra.

71.Ohlajena puranja in avokadova juha

SESTAVINE:
- 2 skodelici kuhanih puranjih prsi, narezanih na kocke
- 2 zrela avokada, olupljena in narezana na kocke
- 1/2 skodelice narezanega paradižnika
- 1/4 skodelice sesekljane rdeče čebule
- 2 žlici sesekljanega svežega cilantra
- 4 skodelice piščančje juhe
- 2 žlici limetinega soka
- Sol in poper po okusu

NAVODILA:
a) V veliki skledi zmešajte kuhane puranje prsi, avokado, paradižnik, rdečo čebulo in koriander.
b) Zmes prelijemo s piščančjo juho in limetinim sokom ter dobro premešamo.
c) Začinimo s soljo in poprom po okusu.
d) Pred serviranjem hladite v hladilniku vsaj 2 uri.
e) Postrezite hladno, po želji okrasite z dodatnim cilantrom.

72.Ohlajena limonina piščančja orzo juha

SESTAVINE:
- 2 skodelici kuhanih piščančjih prsi, narezanih
- 1/2 skodelice nekuhanih orzo testenin
- 2 korenčka, olupljena in narezana na kocke
- 2 stebli zelene, narezani na kocke
- 4 skodelice piščančje juhe
- 1/4 skodelice limoninega soka
- 2 žlici sesekljanega svežega kopra
- Sol in poper po okusu

NAVODILA:
a) V velikem loncu zavremo piščančjo juho. Dodajte orzo testenine in kuhajte po navodilih na embalaži, dokler niso al dente.
b) Primešajte kuhana piščančja prsa, korenje, zeleno, limonin sok in sesekljan svež koper.
c) Začinimo s soljo in poprom po okusu.
d) Odstranite z ognja in pustite, da se ohladi na sobno temperaturo.
e) Prenesite v hladilnik in ohladite vsaj 2 uri pred serviranjem.
f) Postrežemo hladno, okrašeno z vejico kopra.

73.Ohlajena purana in špinačna juha

SESTAVINE:
- 2 skodelici kuhanih puranjih prsi, narezanih na kocke
- 4 skodelice piščančje juhe
- 2 skodelici svežih listov špinače
- 1/2 skodelice narezanega korenja
- 1/2 skodelice narezane zelene
- 1/4 skodelice narezane čebule
- 2 stroka česna, nasekljana
- 1 žlica olivnega olja
- Sol in poper po okusu

NAVODILA:
a) V velikem loncu na srednjem ognju segrejte olivno olje. Dodamo na kocke narezano čebulo in sesekljan česen ter pražimo, dokler se ne zmehčata.
b) Dodamo na kocke narezano korenje in zeleno ter kuhamo še 2-3 minute.
c) Zalijemo s piščančjo juho in pustimo vreti. Dodamo na kocke narezane puranje prsi in liste špinače.
d) Kuhajte 5-10 minut, dokler se zelenjava ne zmehča in se okusi dobro povežejo.
e) Začinimo s soljo in poprom po okusu.
f) Odstranite z ognja in pustite, da se ohladi na sobno temperaturo.
g) Prenesite v hladilnik in ohladite vsaj 2 uri, preden postrežete.
h) Postrežemo hladno.

74. Ohlajena juha s piščancem in mangom

SESTAVINE:
- 2 skodelici kuhanih piščančjih prsi, narezanih
- 2 zrela manga, olupljena in narezana na kocke
- 1/2 skodelice na kocke narezane rdeče paprike
- 1/4 skodelice narezane rdeče čebule
- 2 žlici sesekljanega svežega cilantra
- 4 skodelice piščančje juhe
- 2 žlici limetinega soka
- Sol in poper po okusu

NAVODILA:
a) V mešalniku zmešajte en na kocke narezan mango s piščančjo juho in limetinim sokom. Mešajte do gladkega.
b) V veliki skledi zmešajte kuhana piščančja prsa, na kocke narezan mango, na kocke narezano rdečo papriko, na kocke narezano rdečo čebulo in sesekljan koriander.
c) Zmešano mešanico manga prelijte čez mešanico piščanca in zelenjave ter dobro premešajte.
d) Začinimo s soljo in poprom po okusu.
e) Pred serviranjem hladite v hladilniku vsaj 2 uri.
f) Postrezite hladno, po želji okrasite z dodatnim cilantrom.

75. Piščančja in riževa juha s kokosovim mlekom

SESTAVINE:
- 2 skodelici kuhanih piščančjih prsi, narezanih na kocke
- 1 skodelica kuhanega riža
- 1 pločevinka (13,5 oz) kokosovega mleka
- 4 skodelice piščančje juhe
- 2 žlici ribje omake
- 2 žlici limetinega soka
- 2 stroka česna, nasekljana
- 1 žlica naribanega ingverja
- 1 rdeča paprika, narezana na tanke rezine (po želji za začimbo)
- Sol in poper po okusu

NAVODILA:
a) V velikem loncu zmešajte piščančjo juho, kokosovo mleko, ribjo omako, limetin sok, sesekljan česen, nariban ingver in narezano rdečo čili papriko (če jo uporabljate). Zavremo.
b) V lonec dodamo na kocke narezane piščančje prsi in kuhan riž. Kuhajte 5-10 minut, dokler se ne segreje.
c) Začinimo s soljo in poprom po okusu.
d) Odstranite z ognja in pustite, da se ohladi na sobno temperaturo.
e) Prenesite v hladilnik in ohladite vsaj 2 uri pred serviranjem.
f) Postrežemo hladno.

76. Hladna juha iz piščanca, zelene in orehov

SESTAVINE:
- 2 skodelici kuhanih piščančjih prsi, narezanih
- 2 stebli zelene, drobno sesekljani
- 1/2 skodelice sesekljanih orehov
- 4 skodelice piščančje juhe
- 1 skodelica navadnega jogurta
- 2 žlici limoninega soka
- Sol in poper po okusu
- Svež peteršilj za okras

NAVODILA:
a) V veliki skledi zmešajte narezano piščance, sesekljano zeleno in sesekljane orehe.
b) Vmešajte piščančjo juho, navadni jogurt in limonin sok. Dobro premešaj.
c) Začinimo s soljo in poprom po okusu.
d) Juho hladite v hladilniku vsaj 1 uro.
e) Postrežemo hladno, okrašeno s svežim peteršiljem.

77. Hladna špargljeva juha s prepeličjimi jajci in kaviarjem

SESTAVINE:
- 500 g špargljev, orezanih in narezanih
- 4 skodelice zelenjavne juhe
- 1 skodelica grškega jogurta
- Sol in poper po okusu
- 8 prepeličjih jajc, trdo kuhanih in olupljenih
- Kaviar za okras
- Sesekljan drobnjak za okras

NAVODILA:
a) V velikem loncu zavremo zelenjavno juho. Dodajte sesekljane šparglje in kuhajte, dokler se ne zmehčajo, približno 5-7 minut.
b) Odstranite z ognja in pustite, da se nekoliko ohladi.
c) V mešalniku pretlačite kuhane šparglje in juho do gladkega.
d) Vmešajte grški jogurt in po okusu začinite s soljo in poprom.
e) Juho hladite v hladilniku vsaj 1 uro.
f) Za serviranje hladno juho nalijte v sklede. Prepeličja jajca prerežemo na pol in jih položimo na juho. Okrasimo s kaviarjem in sesekljanim drobnjakom.

HLADNE ZELIŠČNE JUHE

78. Cantaloupe juha z meto

SESTAVINE:
- 1 velika melona
- ¼ skodelice medu
- ½ skodelice pomarančnega soka
- 1½ žlice drobno sesekljane sveže mete

NAVODILA:
a) Zmešajte melono, med in pomarančni sok.
b) Pred serviranjem ohladite in vmešajte meto.

79.Ohlajena juha iz mete bučke

SESTAVINE:
- 3 (14 ½ unč) pločevinke piščančje juhe z zmanjšano vsebnostjo natrija
- 2 žlici svežega limoninega soka
- 3 bučke
- 1 čebula
- 1 strok česna
- 3 žlice sesekljane mete
- 4 žlice nemastne kisle smetane

NAVODILA:
a) Zavremo juho z zelenjavo.
b) Pire z limoninim sokom in meto.
c) Ohladite in postrezite s kančkom kisle smetane.

80. Hladna grahova juha

SESTAVINE:
- 2 skodelici zamrznjenega graha, odmrznjenega
- 1 majhna čebula, sesekljana
- 2 skodelici zelenjavne juhe
- 1/2 skodelice navadnega grškega jogurta
- 1 žlica sesekljanih listov sveže mete
- Sol in poper po okusu
- Limonina lupina za okras (neobvezno)

NAVODILA:
a) V loncu prepražimo sesekljano čebulo, da postekleni.
b) Dodamo odmrznjen grah in zelenjavno juho. Zavremo in kuhamo 5 minut.
c) Odstranite z ognja in pustite, da se nekoliko ohladi.
d) Zmes prenesite v mešalnik in mešajte, dokler ni gladka.
e) Vmešajte grški jogurt in sesekljane liste mete. Začinimo s soljo in poprom po okusu.
f) Juho hladite v hladilniku vsaj 1 uro.
g) Postrežemo hladno, po želji okrašeno z limonino lupinico.

81. Hladna kislica juha

SESTAVINE:
- 4 skodelice svežih listov kislice, stebla so odstranjena
- 1 majhna čebula, sesekljana
- 2 skodelici zelenjavne juhe
- 1 skodelica navadnega grškega jogurta
- 1 žlica limoninega soka
- Sol in poper po okusu
- Svež drobnjak za okras

NAVODILA:
a) V loncu prepražimo sesekljano čebulo, da postekleni.
b) Dodajte liste kislice in zelenjavno juho. Zavremo in kuhamo 5 minut.
c) Odstranite z ognja in pustite, da se nekoliko ohladi.
d) Zmes prenesite v mešalnik in mešajte, dokler ni gladka.
e) Vmešajte grški jogurt in limonin sok. Začinimo s soljo in poprom po okusu.
f) Juho hladite v hladilniku vsaj 1 uro.
g) Postrežemo hladno, okrašeno s svežim drobnjakom.

82. Ohlajena juha iz avokada in cilantra

SESTAVINE:
- 2 zrela avokada, olupljena in narezana na kocke
- 1 skodelica zelenjavne juhe
- 1/4 skodelice svežih listov cilantra
- 1/4 skodelice sesekljane zelene čebule
- 2 žlici limetinega soka
- 1 strok česna, sesekljan
- Sol in poper po okusu

NAVODILA:
a) V mešalniku zmešajte avokado, zelenjavno juho, liste cilantra, zeleno čebulo, limetin sok in sesekljan česen.
b) Mešajte do gladkega.
c) Začinimo s soljo in poprom po okusu.
d) Pred serviranjem hladite v hladilniku vsaj 1 uro.
e) Postrezite hladno, okrašeno z vejico cilantra.

83.Ohlajena grahova in pehtranova juha

SESTAVINE:
- 2 skodelici zamrznjenega graha, odmrznjenega
- 1 majhna čebula, sesekljana
- 2 skodelici zelenjavne juhe
- 1/4 skodelice svežih listov pehtrana
- 1/4 skodelice navadnega grškega jogurta
- 2 žlici limoninega soka
- Sol in poper po okusu

NAVODILA:
a) V loncu prepražimo sesekljano čebulo, da postekleni.
b) V lonec dodajte odmrznjen grah in zelenjavno juho. Zavremo, nato zmanjšamo ogenj in pustimo vreti 5 minut.
c) Odstranite z ognja in pustite, da se nekoliko ohladi.
d) Grahovo mešanico prenesite v mešalnik. Dodamo sveže pehtranove liste, grški jogurt in limonin sok.
e) Mešajte do gladkega.
f) Začinimo s soljo in poprom po okusu.
g) Pred serviranjem hladite v hladilniku vsaj 1 uro.
h) Postrežemo hladno, okrašeno z vejico pehtrana.

84.Ohlajena juha iz špinače in kopra

SESTAVINE:
- 4 skodelice svežih listov špinače
- 1 skodelica navadnega grškega jogurta
- 1/4 skodelice sesekljanega svežega kopra
- 2 zeleni čebuli, sesekljani
- 2 žlici limoninega soka
- 2 skodelici zelenjavne juhe
- Sol in poper po okusu

NAVODILA:
a) V mešalniku zmešajte liste špinače, grški jogurt, koper, zeleno čebulo, limonin sok in zelenjavno juho.
b) Mešajte do gladkega.
c) Začinimo s soljo in poprom po okusu.
d) Pred serviranjem hladite v hladilniku vsaj 1 uro.
e) Postrežemo hladno, okrašeno z vejico kopra.

85.Ohlajena juha iz bučk in peteršilja

SESTAVINE:
- 3 srednje velike bučke, narezane na kocke
- 1 čebula, sesekljana
- 2 stroka česna, nasekljana
- 4 skodelice zelenjavne juhe
- 1/4 skodelice sesekljanega svežega peteršilja
- 2 žlici limoninega soka
- 2 žlici olivnega olja
- Sol in poper po okusu

NAVODILA:
a) V loncu na zmernem ognju segrejemo olivno olje. Dodamo sesekljano čebulo in sesekljan česen ter pražimo, dokler se ne zmehčata.
b) V lonec dodamo na kocke narezane bučke in jih dušimo še 5 minut.
c) Prilijemo zelenjavno juho in zavremo. Zmanjšajte ogenj in dušite 10-15 minut, dokler se bučke ne zmehčajo.
d) Odstranite z ognja in pustite, da se nekoliko ohladi.
e) Juho prestavimo v blender. Dodamo sesekljan peteršilj in limonin sok.
f) Mešajte do gladkega.
g) Začinimo s soljo in poprom po okusu.
h) Pred serviranjem hladite v hladilniku vsaj 1 uro.
i) Postrežemo hladno.

86. Ohlajena juha iz špargljev in drobnjaka

SESTAVINE:
- 1 lb špargljev, narezanih in sesekljanih
- 1 čebula, sesekljana
- 2 stroka česna, nasekljana
- 4 skodelice zelenjavne juhe
- 1/4 skodelice sesekljanega svežega drobnjaka
- 2 žlici limoninega soka
- 2 žlici olivnega olja
- Sol in poper po okusu

NAVODILA:
a) V loncu na zmernem ognju segrejemo olivno olje. Dodamo sesekljano čebulo in sesekljan česen ter pražimo, dokler se ne zmehčata.
b) V lonec dodamo narezane šparglje in jih dušimo še 5 minut.
c) Prilijemo zelenjavno juho in zavremo. Zmanjšajte ogenj in kuhajte 10-15 minut, dokler se šparglji ne zmehčajo.
d) Odstranite z ognja in pustite, da se nekoliko ohladi.
e) Juho prestavimo v blender. Dodamo nasekljan drobnjak in limonin sok.
f) Mešajte do gladkega.
g) Začinimo s soljo in poprom po okusu.
h) Pred serviranjem hladite v hladilniku vsaj 1 uro.
i) Postrežemo hladno.

87.Ohlajena juha iz pese in mete

SESTAVINE:
- 3 srednje velike pese, kuhane in olupljene
- 1 skodelica navadnega grškega jogurta
- 1/4 skodelice sesekljanih listov sveže mete
- 2 žlici limoninega soka
- 2 skodelici zelenjavne juhe
- Sol in poper po okusu

NAVODILA:
a) V mešalniku zmešajte kuhano peso, grški jogurt, metine liste, limonin sok in zelenjavno juho.
b) Mešajte do gladkega.
c) Začinimo s soljo in poprom po okusu.
d) Pred serviranjem hladite v hladilniku vsaj 1 uro.
e) Postrežemo hladno, okrašeno z vejico mete.

88. Kitajska zeliščna piščančja juha

SESTAVINE:
- 1 cel svilnat piščanec brez drobovja
- 1/4 skodelice vina Shaoxing
- 1 žlica košer soli in več po potrebi
- 1 1/2 unče posušene rdeče žižole (da zao)
- 1 unča (25 g) posušenih gob šitake, po možnosti narezanih
- 1 unča (25 g; približno 1/4 skodelice) posušenih goji jagod
- 3/4 unče posušenega kitajskega jama (huai shan; neobvezno)
- 1/3 unče posušene narezane korenine angelike (dong quai)
- 1/3 unče posušene čebulice lilije (bai he; glej opombe)
- 4 kapestose, orezane in narezane
- 1 1/2 unče olupljenega svežega ingverja, narezanega na tanke rezine
- 1/3 unče (10 g) posušenih pokrovač, grobo narezanih
- 1/4 čajne žličke mletega belega popra
- Bela sojina omaka, po okusu (neobvezno; glejte opombe)

ZA OKRAS:
- 3/4 unče posušene rdeče žižole (da zao), brez koščic in narezane
- 1/2 unče posušenih goji jagod
- Po želji narezane kapesole

NAVODILA:

a) V velikem loncu ali v nizozemski pečici svilnatega piščanca pokrijte s hladno vodo, postavite na močan ogenj in zavrite. Odstranite z ognja. Odcedite, nato pa prenesite piščanca v veliko skledo hladne vode, dokler se ne ohladi. Dobro odcedite.

b) Piščanca po celem namažite z vinom Shaoxing in 1 žlico soli.

c) Medtem v srednje toplotno odporni skledi zmešajte žižole, šitake, goji jagode, kitajski jam (če uporabljate), korenino angelike in čebulo lilije. Vse skupaj prelijte z 1 2/3 skodelice (400 ml) vrele vode in pustite stati, dokler se ne rehidrira, približno 15 minut. Če uporabljate cele šitake, jih po rehidraciji narežite na rezine.

d) Očistite lonec ali nizozemsko pečico in vanjo vrnite svilnatega piščanca skupaj z vinom Shaoxing. Dodajte rehidrirane arome in njihovo tekočino za namakanje skupaj s kapesanto, ingverjem, posušenimi pokrovačami in belim poprom.

e) Pokrijte s 4 litri (4 L) hladne vode in postavite na zmeren ogenj, dokler ne počasi vre; odstranite vso peno, ki se dvigne na površino. Zmanjšajte ogenj, da nežno vre, in kuhajte, dokler ni piščanec kuhan in je mogoče meso zlahka odstraniti s kosti, približno 45 minut.
f) Previdno odstranite piščanca iz lonca in ga prestavite na delovno površino, dokler ni dovolj ohlajen za rokovanje, približno 5 minut. Z rokami natrgajte meso in kožo s piščanca in ga položite v majhno skledo; ohladite do uporabe.
g) Trup vrnite v juho, pokrijte in kuhajte pri zelo rahlem vrenju, da postane juha čistejša, približno 3 ure, ali rahlo zavrite, da postane juha bolj kremasta, približno 2 uri. Precedite juho, zavrzite trup piščanca in arome.
h) Zalogo vrnite v očiščen lonec in začinite s soljo in/ali belo sojino omako.

ZA OKRAS:
i) V majhni toplotno odporni skledi zmešajte žižole in goji jagode ter dodajte toliko vrele vode, da jih le pokrije. Pustite stati, dokler se ne rehidrira, približno 2 minuti.

j) Ko ste pripravljeni za serviranje, v juho dodajte narezano piščančje meso in ponovno segrevajte, dokler ne zavre. Okrase iz žižole, goji jagod in kapesanta porazdelite po servirnih skledah in na vrh nalijte juho in piščančje meso. Postrezite.

HLADNE JUHE IZ STROČNIC IN ŽIT

89. Hladna juha iz belega fižola s hrustljavo panceto

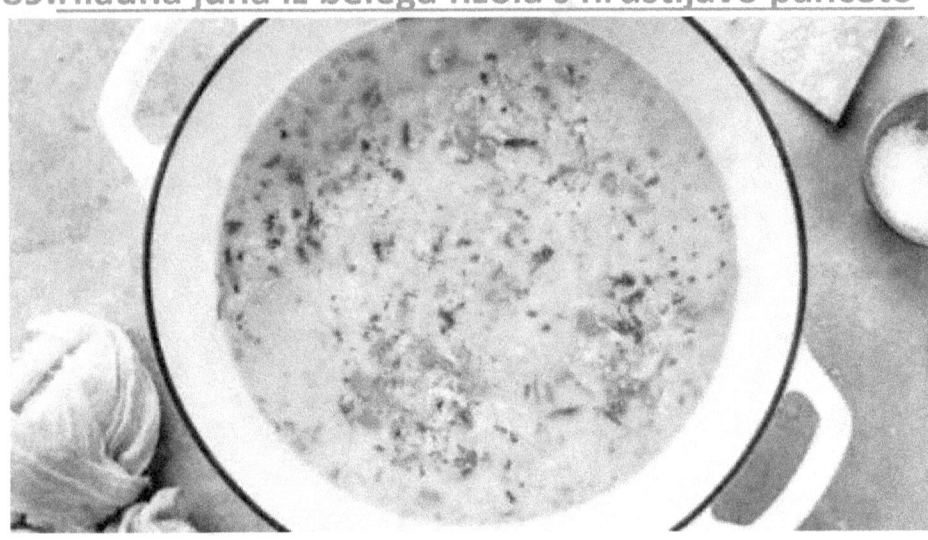

SESTAVINE:
- 2 pločevinki (po 15 unč) belega fižola, odcejen in oplaknjen
- 2 stroka česna, nasekljana
- 1/4 skodelice sesekljanega svežega peteršilja
- 2 žlici limoninega soka
- 2 žlici olivnega olja
- 1/2 čajne žličke mlete kumine
- Sol in poper po okusu
- Hrustljava panceta ali slanina za okras
- Sesekljan svež peteršilj za okras

NAVODILA:
a) V mešalniku zmešajte beli fižol, sesekljan česen, sesekljan peteršilj, limonin sok, olivno olje in mleto kumino.
b) Mešajte do gladkega.
c) Začinimo s soljo in poprom po okusu.
d) Juho hladite v hladilniku vsaj 1 uro.
e) Postrežemo hladno, okrašeno s hrustljavo panceto ali slanino in sesekljanim svežim peteršiljem.

90. Ohlajena fižolova juha

SESTAVINE:
- 4 skodelice narezanih paradižnikov
- 2 skodelici pikantno vročega soka V8
- 1 pločevinka (15 unč) črnega fižola, opranega in odcejenega
- 1 skodelica sesekljane kumare
- 1 skodelica sesekljane sladke rdeče ali rumene paprike
- 1/2 skodelice sesekljane rdeče čebule
- 2 žlici balzamičnega kisa
- 1 čajna žlička sladkorja
- 1/4 do 1/2 čajne žličke omake s pekočo papriko
- 1/4 čajne žličke mlete kumine 1/4 čajne žličke soli
- 1/4 čajne žličke popra
- 7 žlic manj mastne kisle smetane Narezana kumara, po želji

NAVODILA:
a) V mešalniku zmešajte paradižnik in sok V8; pokrijte in obdelajte, dokler se ne zmeša. Prenesite v veliko skledo.
b) Vmešamo fižol, sesekljano kumaro, papriko, čebulo, kis, sladkor in začimbe.
c) Pokrijte in ohladite vsaj 4 ure ali čez noč. Postrezite s kislo smetano. Po želji okrasite z narezano kumaro.

91. Ohlajena juha iz leče in kvinoje

SESTAVINE:
- 1 skodelica kuhane leče
- 1/2 skodelice kuhane kvinoje
- 1 kumara, olupljena in narezana na kocke
- 1 rdeča paprika, narezana na kocke
- 1/4 skodelice sesekljane rdeče čebule
- 2 žlici sesekljanega svežega peteršilja
- 2 žlici limoninega soka
- 2 skodelici zelenjavne juhe
- Sol in poper po okusu

NAVODILA:
a) V veliki skledi zmešajte kuhano lečo, kuhano kvinojo, na kocke narezano kumaro, na kocke narezano rdečo papriko, sesekljano rdečo čebulo in sesekljan peteršilj.
b) Zmes prelijemo z zelenjavno juho in limoninim sokom ter dobro premešamo.
c) Začinimo s soljo in poprom po okusu.
d) Pred serviranjem hladite v hladilniku vsaj 1 uro.
e) Postrezite hladno, po želji okrasite z dodatnim peteršiljem.

92. Ohlajena juha iz čičerike in bulgarja

SESTAVINE:
- 1 pločevinka (15 oz) čičerike, odcejene in oprane
- 1/2 skodelice kuhane pšenice bulgur
- 1 paradižnik, narezan na kocke
- 1/4 skodelice narezane rdeče čebule
- 2 žlici sesekljane sveže mete
- 2 žlici limoninega soka
- 2 skodelici zelenjavne juhe
- Sol in poper po okusu

NAVODILA:
a) V veliki skledi zmešajte čičeriko, kuhano pšenico bulgur, na kocke narezan paradižnik, na kocke narezano rdečo čebulo, sesekljano meto, limonin sok in zelenjavno juho.
b) Dobro premešajte, da se poveže.
c) Začinimo s soljo in poprom po okusu.
d) Pred serviranjem hladite v hladilniku vsaj 1 uro.
e) Postrežemo hladno, okrašeno z vejico mete.

93.Ohlajena juha iz črnega fižola in rjavega riža

SESTAVINE:
- 1 pločevinka (15 oz) črnega fižola, odcejenega in opranega
- 1/2 skodelice kuhanega rjavega riža
- 1 rdeča paprika, narezana na kocke
- 1/2 skodelice koruznih zrn (sveža, zamrznjena ali konzervirana)
- 1/4 skodelice narezane rdeče čebule
- 2 žlici sesekljanega svežega cilantra
- 2 žlici limetinega soka
- 2 skodelici zelenjavne juhe
- Sol in poper po okusu

NAVODILA:
a) V veliki skledi zmešajte črni fižol, kuhan rjavi riž, na kocke narezano rdečo papriko, koruzna zrna, na kocke narezano rdečo čebulo, sesekljan koriander, limetin sok in zelenjavno juho.
b) Dobro premešajte, da se poveže.
c) Začinimo s soljo in poprom po okusu.
d) Pred serviranjem hladite v hladilniku vsaj 1 uro.
e) Postrezite hladno, po želji okrasite z dodatnim cilantrom.

94. Ohlajena juha iz ječmena in čičerike

SESTAVINE:
- 1/2 skodelice kuhanega ječmena
- 1 pločevinka (15 oz) čičerike, odcejene in oprane
- 1 kumara, olupljena in narezana na kocke
- 1/2 skodelice češnjevih paradižnikov, prepolovljenih
- 1/4 skodelice narezane rdeče čebule
- 2 žlici sesekljanega svežega kopra
- 2 žlici limoninega soka
- 2 skodelici zelenjavne juhe
- Sol in poper po okusu

NAVODILA:
a) V veliki skledi zmešajte kuhan ječmen, čičeriko, na kocke narezano kumaro, češnjev paradižnik, na kocke narezano rdečo čebulo, sesekljan koper, limonin sok in zelenjavno juho.
b) Dobro premešajte, da se poveže.
c) Začinimo s soljo in poprom po okusu.
d) Pred serviranjem hladite v hladilniku vsaj 1 uro.
e) Postrežemo hladno, okrašeno z vejico kopra.

95.Ohlajena juha iz rdeče leče in bulgurja

SESTAVINE:
- 1 skodelica oprane rdeče leče
- 1/2 skodelice pšenice bulgur
- 1 korenček, narezan na kocke
- 1 steblo zelene, narezano na kocke
- 1/2 skodelice narezanega paradižnika
- 2 stroka česna, nasekljana
- 1 čajna žlička mlete kumine
- 1/2 čajne žličke paprike
- 4 skodelice zelenjavne juhe
- 2 žlici limoninega soka
- Sol in poper po okusu

NAVODILA:
a) V velikem loncu zmešajte rdečo lečo, pšenico bulgur, na kocke narezan korenček, na kocke narezano zeleno, na kocke narezan paradižnik, sesekljan česen, mleto kumino, papriko in zelenjavno juho.
b) Mešanico zavremo, nato zmanjšamo ogenj in pustimo vreti 20-25 minut oziroma dokler leča in bulgur nista kuhana in mehka.
c) Odstranite z ognja in pustite, da se nekoliko ohladi.
d) Primešajte limonin sok ter začinite s soljo in poprom po okusu.
e) Pred serviranjem hladite v hladilniku vsaj 1 uro.

HLADNE JUHE IZ TESTENIN

96.Hladni rezanci s paradižniki

SESTAVINE:

- 2 pinta zrelih češnjevih paradižnikov, prepolovljenih
- 2 čajni žlički košer soli (Diamond Crystal)
- 12 do 14 unč somyeon, somen, capellini ali drugih tankih pšeničnih rezancev
- ¼ skodelice riževega kisa
- 2 žlici sojine omake
- 2 žlici granuliranega sladkorja
- 1 velik strok česna, drobno nariban
- ½ čajne žličke dijonske gorčice
- ½ čajne žličke praženega sezamovega olja
- 2 skodelici hladne filtrirane vode
- 1 žlica praženih sezamovih semen
- 2 redkvici, narezani na tanke rezine
- 2 kapesatoni, narezani na tanke pod kotom
- 2 skodelici zdrobljenega ali kockastega ledu

NAVODILA:

a) V veliki skledi stresite paradižnik in sol. Pustite stati, dokler ni sočno, približno 10 minut.

b) Medtem zavrite velik lonec vode. Rezance skuhamo po navodilih na embalaži, odcedimo in speremo pod mrzlo vodo. Dati na stran.

c) Paradižnikom dodajte kis, sojino omako, sladkor, česen, gorčico in sezamovo olje ter premešajte z žlico, dokler se dobro ne premeša. V paradižnike vmešajte filtrirano vodo in površino juhe potresite s sezamovimi semeni, redkvicami in kapesanto.

d) Tik pred serviranjem juhi dodajte led. Rezance razdelite po skledah in dodajte juho ter morebitni nestopljen led, pri čemer pazite, da bo vsaka porcija dobro potresena s paradižniki, redkvicami, kapesanto in sezamovimi semeni.

97. Ohlajena sredozemska orzo juha

SESTAVINE:
- 1 skodelica orzo testenin, kuhanih in ohlajenih
- 1 skodelica narezane kumare
- 1 skodelica češnjevih paradižnikov, prepolovljena
- 1/4 skodelice narezanih oliv Kalamata
- 1/4 skodelice zdrobljenega feta sira
- 2 žlici sesekljanega svežega peteršilja
- 2 žlici limoninega soka
- 2 žlici olivnega olja
- 2 skodelici zelenjavne juhe
- Sol in poper po okusu

NAVODILA:
a) V veliki skledi zmešajte kuhane in ohlajene orzo testenine, na kocke narezano kumaro, prepolovljene češnjeve paradižnike, narezane olive Kalamata, nadrobljen feta sir, sesekljan peteršilj, limonin sok, olivno olje in zelenjavno juho.
b) Dobro premešajte, da se poveže.
c) Začinimo s soljo in poprom po okusu.
d) Pred serviranjem hladite v hladilniku vsaj 1 uro.
e) Postrezite hladno, po želji okrasite z dodatnim peteršiljem in feta sirom.

98. Ohlajena juha s testeninami iz paradižnika in bazilike

SESTAVINE:
- 8 oz testenin (kot so fusilli ali penne), kuhane in ohlajene
- 2 velika paradižnika, narezana na kocke
- 1/2 skodelice narezane kumare
- 1/4 skodelice sesekljane sveže bazilike
- 2 žlici balzamičnega kisa
- 2 žlici olivnega olja
- 2 skodelici zelenjavne juhe
- Sol in poper po okusu

NAVODILA:
a) V veliki skledi zmešajte kuhane in ohlajene testenine, na kocke narezan paradižnik, na kocke narezane kumare, sesekljano baziliko, balzamični kis, olivno olje in zelenjavno juho.
b) Dobro premešajte, da se poveže.
c) Začinimo s soljo in poprom po okusu.
d) Pred serviranjem hladite v hladilniku vsaj 1 uro.
e) Postrezite hladno, po želji okrasite z dodatno baziliko.

99.Ohlajena juha s pesto testeninami

SESTAVINE:
- 8 oz testenin (kot so rotini ali farfalle), kuhane in ohlajene
- 1/2 skodelice pripravljenega bazilikinega pesta
- 1 skodelica češnjevih paradižnikov, prepolovljena
- 1/4 skodelice narezanih črnih oliv
- 2 žlici pinjol
- 2 žlici naribanega parmezana
- 2 skodelici zelenjavne juhe
- Sol in poper po okusu

NAVODILA:
a) V veliki skledi zmešajte kuhane in ohlajene testenine, bazilikin pesto, češnjev paradižnik, črne olive, pinjole, nariban parmezan in zelenjavno juho.
b) Dobro premešajte, da se poveže.
c) Začinimo s soljo in poprom po okusu.
d) Pred serviranjem hladite v hladilniku vsaj 1 uro.
e) Postrezite hladno, po želji okrasite s pinjolami in parmezanom.

100.Ohlajena grška solatna juha s testeninami

SESTAVINE:
- 8 oz testenin (kot so rotini ali penne), kuhane in ohlajene
- 1/2 skodelice narezane kumare
- 1/2 skodelice narezanega paradižnika
- 1/4 skodelice narezanih oliv Kalamata
- 1/4 skodelice zdrobljenega feta sira
- 2 mizi
- 2 žlici sesekljanega svežega peteršilja
- 2 žlici limoninega soka
- 2 žlici olivnega olja
- 2 skodelici zelenjavne juhe
- Sol in poper po okusu

NAVODILA:
a) V veliki skledi zmešajte kuhane in ohlajene testenine, na kocke narezano kumaro, na kocke narezan paradižnik, narezane olive Kalamata, nadrobljen feta sir, sesekljan peteršilj, limonin sok, olivno olje in zelenjavno juho.
b) Dobro premešajte, da se poveže.
c) Začinimo s soljo in poprom po okusu.
d) Pred serviranjem hladite v hladilniku vsaj 1 uro.
e) Postrezite hladno, po želji okrasite z dodatnim peteršiljem in feta sirom.

ZAKLJUČEK

Ko zaključujemo naše popotovanje po svetu hladnih juh, upam, da ste navdihnjeni, da sprejmete te osvežilne in okusne jedi kot stalnico v svojem kulinaričnem repertoarju. "Celotna kuharska knjiga za hladne juhe" je bila oblikovana s strastjo do proslavljanja živahnih okusov in sezonskih sestavin, zaradi katerih se ohlajenim juham ne morete upreti.

Ko nadaljujete z raziskovanjem sveta hladnih juh, ne pozabite, da so možnosti neskončne. Ne glede na to, ali eksperimentirate z novimi kombinacijami okusov, klasičnim receptom dodajate svoj pridih ali preprosto uživate v skledi svoje najljubše ohlajene juhe na vroč poletni dan, naj vam vsaka žlica prinese veselje, osvežitev in zadovoljstvo.

Hvala, da ste se mi pridružili na tem kulinaričnem potovanju. Naj bodo vaši poletni dnevi polni slastnih hladnih juhic, dobre družbe in nepozabnih trenutkov za mizo. Do ponovnega srečanja, veselo kuhanje in dober tek!